新版 観光マーケティング入門

同友館

新版刊行にあたって

　近年、「観光」という分野が各方面で注目されており、特にインバウンド（訪日外国人旅行）や地方の活性化には大変熱い期待が寄せられています。2020年には東京オリンピックの開催も予定され、観光分野への期待はますます高まっていると言えるでしょう。

　しかし、これまで日本の観光政策にはお粗末なものが数多く見受けられました。1987年に制定された総合保養地域整備法（通称：リゾート法）はリゾート産業の振興と国民の余暇活動の多様化を目指して立案されたもので、ゴルフ場やスキー場、リゾートホテルなど設備の建設は全国各地で進んだものの、結果としては、その後、多くの施設の経営が行き詰まり破綻しました。

　このリゾート法については、さまざまな批判がありますが、構想が失敗した理由のひとつは、マーケティングの発想が欠如していたところにあるといえます。お客様はどんな遊びがしたいのか、お客様にとっての価格はどうか、立地はどうか、といったマーケット・インの発想からではなく、この地域を開発したい、といった作り手側の都合で作られたものが多かったからです。しかし、これは必ずしも過去の事例というわけではありません。注目のインバウンドや地域活性化も、産業や地域にとってのメリットという視点で考えられていることが多く、旅行者の楽しさや満足という点から立案しているものは意外に少ないのです。しかし、観光は人々の楽しみに大きく関与するものですから、本当に観光が発展していくためには、他の一般商品以上にお客様の視点に立ったマーケティングの発想が不可欠です。

　こうしたマーケティングの重要性はあらゆるビジネスの現場で例外なく耳にすることなのですが、実際にマーケティングを学ぼうと書店に行ってみると、マーケティング理論やマーケティング戦略、ケーススタディなどさまざまな書物がずらりと並んでいて、何から勉強を始めていいのかわか

らないことが多いようです。ほとんどの人はMBAを取得しようというわけでも、研究者になるわけでもありませんから、複雑な理論よりもビジネスの現場で使える実際的なマーケティングを勉強したいのではないでしょうか。では、ビジネスの現場で本当に使えるマーケティングとは一体何でしょう？

　本書は、主に、経営学部に所属していなくてもマーケティングを勉強してみようと考える学生や、実際の仕事で初めてマーケティングを考える必要が生じた社会人に向けたマーケティングの入門書です。マーケティングを学ぶ上で必要最小限の理論と、それに対応する観光のケーススタディで構成され、大学の半期の授業で一通りの勉強が出来るよう、13回のテーマで完結しています。

　実際に観光産業に従事したことのない人たちにも出来る限りわかりやすくするため、マーケティング理論に加え、「旅行会社」、「航空会社」、「ホテル」、「観光地」のそれぞれの現場で実際に行われているビジネスのケーススタディを取り上げ、マーケティング理論だけに偏ることなく、むしろそれが実際のビジネスの事例としてはどう展開しているのか、また、どういったビジネスシーンでマーケティング理論が有効なのかを明らかにすることに力を入れました。特に、新版となる今回はホスピタリティが専門の徳江順一郎先生も加わり、宿泊分野のケーススタディもより充実した内容となっています。

　「観光マーケティング」と題された書物には、事例だけを取り上げたものも少なくありませんが、理論とケーススタディをバランスよく学んでこそ、実際に使えるマーケティングになるものと私たちは考えています。そして、本書で観光マーケティングの基礎を学んだ方々が、将来、日本の基幹産業にもなるであろう観光産業界で活躍されることを願ってやみません。

最後になりましたが、出版にあたり取材にご協力下さいました企業、業界関係者の方々にはこの場を借りてお礼を申し上げます。また、長い間の執筆にお付き合い下さった共著者の先生方、わがままな依頼に応えて下さった編集の大河内さほさん、デザイナーの椿恵美さんにも心から感謝を申し上げたいと思います。

　　2016年3月

森下　晶美

観光マーケティング 入門
CONTENTS

新版刊行にあたって ——————————————————————— P1

第❶回
そもそもマーケティングって、なんだ？　P10

- テーマ　マーケティングの定義、マーケティング・ミックス（4P）、マーケティング・コンセプト、マーケット・イン／プロダクト・アウト

Case Study 1
旅行会社の4Pと旅行商品の種類 ——————————————— P18

Case Study 2
航空会社における4P ——————————————————— P26

Case Study 3
宿泊産業における4P ——————————————————— P28

Case Study 4
観光地のマーケティング・ミックス　ー英国の事例ー ———————— P32

第❷回
人はどうして商品を購入するのだろう？　P36

- テーマ　ニーズ・ウォンツ・需要の違いを理解する

Case Study 1
バースデー割引と旅割 ——————————————————— P40

Case Study 2
ハワイのファミリークルーズ ————————————————— P42

Case Study 3
アマンリゾーツに泊まる人々 ————————————————— P46

Case Study 4
モルディブの失敗に学ぶ ——————————————————— P50

第❸回
お客様って、誰だ？　　　　　　　　　P52

テーマ　セグメンテーション、ターゲティング、ポジショニング、ドメイン

Case Study 1
ポジショニング・マップ　ハワイのパッケージツアーのケース　　P58

Case Study 2
ターゲティング　JAL国内線　上級席をめぐるターゲットの迷走　　P62

Case Study 3
宿泊のセグメンテーション　　P64

Case Study 4
英国政府観光庁による「オールド・ミーツ・ニュー」戦略　　P68

第❹回
人はどのようなプロセスを経て商品を購入するのだろう？　　P72

テーマ　購買意思決定プロセス、AIDMA、AISAS、AISCEAS

Case Study 1
旅行の意思決定（AIDMAとAISCEAS）　　P80

Case Study 2
海外ウェディング　　P86

第❺回
旅行商品がたどるお客様に届くまでの複雑な旅　　P90

テーマ　旅行商品　流通チャネル（開放型チャネル・選択型チャネル、ダイレクト・マーケティング）

Case Study 1
流通チャネル　パッケージツアーの流通　　P96

Case Study 2
旅行業の流通の変化　OTA（オンライン・トラベル・エージェント）の出現　　P100

Case Study 3
CRSからGDSへ　　P104

第❻回
マーケティングで価格戦略を策定する   p106

テーマ　コスト・リーダーシップ戦略
スケールメリット（規模の経済）、価格決定、マーケット・シェア
競争市場戦略（リーダー、チャレンジャー、ニッチャー、フォロワー）

Case Study 1
旅行商品の価格戦略　パッケージツアーはなぜ安い？ ―― P112

Case Study 2
航空会社の価格戦略　LCCってなんだ？ ―― P116

Case Study 3
宿泊の価格戦略 ―― P118

第❼回
敵を知り、己を知らば、百戦危うからず   p128

テーマ　マーケティング環境分析とはなにか理解する
SWOT（S:強み、W:弱み、O:機会、T:脅威）分析

Case Study 1
旅行会社のSWOT分析　ジェイ・ティー・ビーグループのケース ―― P132

Case Study 2
航空会社のSWOT分析　マレーシア航空のケース ―― P138

Case Study 3
宿泊のSWOT分析 ―― P142

Case Study 4
観光地におけるSWOT分析 ―― P146

第❽回
若人よ、負け犬にはなるな！
問題児なら大いに結構   p150

テーマ　PPM（プロダクト・ポートフォリオ・マネジメント）
プロダクト・ライフサイクル

Case Study 1
プロダクト・ライフサイクルとイノベーター理論　日本人のハネムーン ―― P154

Case Study 2
観光地のライフサイクル ―― P158

第 ❾ 回
いざ討って出よ！
その時もマーケティング的発想を忘れるな　　p164

テーマ　プロモーションの種類（プロモーション・ミックス）
　　　　プッシュ戦略・プル戦略

　　Case Study 1　　　　　　　　　　　　　　　　　　　P170
　　国・地域のプロモーション

　　Case Study 2　　　　　　　　　　　　　　　　　　　P174
　　ジュメイラのプロモーション

第 ❿ 回
理念なきブランドは続かない　　p178

テーマ　ブランド構築のプロセスを理解する
　　　　ブランド・イメージ、ブランド・アイデンティティ、ディマーケティング

　　Case Study 1　　　　　　　　　　　　　　　　　　　P182
　　国・地域による観光地ブランディング

　　Case Study 2　　　　　　　　　　　　　　　　　　　P186
　　スターウッドのブランディング

　　Case Study 3　　　　　　　　　　　　　　　　　　　P190
　　JALのリブランディング

第 ⓫ 回
やっぱり大切にしたい、長〜い関係　　p192

テーマ　カスタマー・リレーションシップ・マネジメント（CRM）
　　　　リレーションシップ・マーケティング、データベース・マーケティング
　　　　ワン・トゥ・ワン・マーケティング、マス・カスタマイゼーション

　　Case Study 1　　　　　　　　　　　　　　　　　　　P198
　　クラブツーリズムのケース

　　Case Study 2　　　　　　　　　　　　　　　　　　　P202
　　マイレージの進化

　　Case Study 3　　　　　　　　　　　　　　　　　　　P204
　　旅館のケース

　　Case Study 4　　　　　　　　　　　　　　　　　　　P208
　　政府観光局のケース

第12回
実際にマーケティングリサーチをやってみよう　p210
テーマ　誰にでも出来る簡単なマーケティングリサーチ

第13回
そのマーケティング、お客様を、社会を、ハッピーにしてますか　p218
テーマ　持続的な発展を実現するためのマーケティングのあり方

参考文献 ──────────────── P222
あとがき ──────────────── P225

キャラクター紹介

旅美（たびみ）
大学2年生。旅行が好き。
おしゃれが好き。将来は旅行会社に
就職できたらいいな。

先生
旅行会社に勤務の後、MBAを修得して
大学で観光学の先生に。
学生たちにも人気のステキな存在。

翼（つばさ）
大学2年生。航空会社に憧れつつ、
買ったパソコンにはまってしまい、
将来はソフト開発なんかもやってみたい。

宿彦（やどひこ）
大学4年生。
ホテルに就職内定が決まった。
頼れる先輩。

本書の表記に関して

＊本書には文中に「商品」と「製品」という言葉が併せて記述されています。
旅行に関する商品の場合はできる限り「商品」を、一般的なモノに関しては
「製品」という表現をしています。マーケティングに関しては、一般的に
「製品」と表現する場合が多いのですが、サービスを含む旅行関連商品の場
合、「製品」という表現が的確ではないと考えるからです。

＊文中のわかりにくい語句には注釈をつけ、章末にまとめました。

カバーデザイン・本文レイアウト …… 椿　恵美
イラスト ………………………… 宝代　いづみ

第1回 そもそもマーケティングって、なんだ？

Theme テーマ
マーケティングの定義、マーケティング・ミックス（4P）、
マーケティング・コンセプト、マーケット・イン／プロダクト・アウト

旅美

最近、よくマーケティングって聞くんですが、マーケティングって何ですか？

先生

そうですね。"サービス・マーケティング"、"マーケティング戦略"、書店に並ぶ本だけでもあげればきりがありません。では、そもそもマーケティングとは一体何なのでしょうか？
実はマーケティングという言葉の定義は時代とともに移り変わっていて、いまだに共通した定義がないのですが、代表的なマーケティングの定義をいくつか紹介しておきましょう。まず、アメリカの経営学者で"近代マーケティングの父"とも称されるフィリップ・コトラー[1]は次のように定義しています。

コトラーの定義

マーケティングとは、価値を創造し、提供し、互いに製品やその価値を交換することで、個人やグループのニーズとウォンツを満足させる社会的、経営的プロセス。

一方、アメリカ・マーケティング協会（AMA）の定義は時代とともに変化していますが、以下が2007年に発表されたものです。

AMAの定義（2007年）

マーケティングとは、顧客、依頼人、パートナー、社会全体にとって価値のある提供物を創造・伝達・配達・交換するための活動であり、一連の制度、そしてプロセスである。

さらに、日本においては、1990年に日本マーケティング協会が次のように定義しています。

日本マーケティング協会の定義

マーケティングとは、企業および他の組織がグローバルな視点に立ち、顧客との相互理解を得ながら、公正な競争を通じて行う市場創造のための総合的活動である。

なんだかよくわからないわ。

では、それぞれの定義のポイントを整理してみましょう。

①**組織的な活動である**
②**お客様が満足する価値を創造することである**
③**お客様に価値を届けるためのコミュニケーションを行うことである**
④**組織やステークホルダーに恩恵をもたらすものである**
⑤**②～④それぞれの一連のプロセスである**

もう、なんとなくわかってきたでしょう？ マーケティングというと「売れる仕組み」のことであるとも言われ、"いかにモノを売るか"を考えることと思われがちですが、本来マーケティングというのは、企業がお客様にとっての価値を作り出し、それをやり取りするお客様とのコミュニケーションとその一連のプロセスことで、単にモノを売るための活動であるセールスとは違うのです。

マーケティングとは

見えないお客様のニーズやウォンツを正確に把握してそれを満足に変えること。

マーケティングを考える上で、定義とともに知っておきたいのが**マーケティング・ミックス**です。**マーケティング・ミックス**とは、マーケティングに際して自社でコントロールできる4つの手段（4P）の最適な組み合わせを考えることをいいます。マーケティングの4大要素ともいわれるマーケティング・ミックス手段には次のようなものがあります。

マーケティング・ミックスの4つの要素（4P）

製品 Product	品質やデザイン、機能の他、ブランド名、パッケージデザイン、アフターサービス、保証といった付加価値も含めたものをいいます。サービス業の場合は、モノではなくサービスが製品にあたります。マーケティング・ミックスの中でも特に重要な要素といわれており、優れた製品を作り出すことはもとより、既存製品との差別化も重要です。
価格 Price	製品そのものの価格の他、他社製品と比較した値ごろ感、割引、支払方法、支払期限などをいいます。単に安くするだけではなく、時にはブランドイメージを損なわないためにあえて安売りを避けることもあります。また、クレジットカードやコンビニでの支払いなど支払いの利便性も重要です（第6回を参照）。
流通 Place	流通チャネル、立地、運送、保管・在庫などをいいます。製品の特性に応じて、店舗販売、電話、インターネットのオンライン販売、メールオーダーなどさまざまな流通チャネルを考える他、製品の配送、在庫など最適な方法を選択することが重要です（第5回を参照）。
プロモーション Promotion	人的販売や広告、販売促進、パブリシティの誘導などをいいます。消費者が製品を認知し、欲しいと思うようなアピールをすることが重要です（第9回を参照）。

　こうした要素をうまく組み合わせてマーケティング戦略を考えていくのがマーケティング・ミックス（4P）です。これらの4Pは企業側（作り手）から見た場合の手段ですが、同じものをお客様にとっての満足という視点で見ると、次の4Cとして考えることができます。

企業側の手段（4P）	お客様にとっての満足（4C）
製品 Product	価値 Customer Value 機能やデザインなど製品に満足がいくか
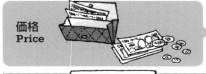価格 Price	費用 Cost 費用を掛けるだけの商品価値があるか
流通 Place	利便性 Convenience どこでどのように買えるのか
プロモーション Promotion	コミュニケーション Communication 自分に対して企業はどのような働きかけをしているか

　さらに、マーケティングを行う上で考えるべき方向付け、**マーケティング・コンセプト**もおさえておきましょう。マーケティング・コンセプトとは、簡単に言えば、マーケティングを行う際に最も重視するのは何か、ということです。時代とともにその志向は変化していますが、現在は顧客志向（マーケティング志向）といわれる消費者の満足を追求する考え方が主流で、徐々に関係性志向、社会性志向も注目されるようになってきています。顧客志向は消費者のニーズやウォンツを探りそれを満足させることが最も重要であると考えることから**マーケット・イン**とも言われ、「製品が良ければ売れる」と考えられた製品志向や、「積極的にアピールすれば売れる」と考えられた販売志向のようなそれまでの**プロダクト・アウト**型の考えとは全く異なるものです。

　マーケティング・コンセプトの時代による変遷は次のようなものです。

マーケティング・コンセプトの変遷

生産志向
市場の需要に見合う十分な量の生産を行うことを重視するもの。製品の供給量が不十分な時代や状況下においてのみ有効な考え方。

▼

製品志向
良い製品を作れば売れると考え、製品の開発・改良を重視するもの。

▼

販売志向
積極的にアピールをしないと製品の質だけでは消費者は製品を買ってくれないと考え、販売やプロモーションを重視するもの。

▼

顧客志向（マーケティング志向）
消費者のニーズやウォンツを探り、それを満足させることを重視するもの。

▼

関係性志向
顧客との長い取引や双方向の信頼関係を重視するもの。リレーションシップ・マーケティング[4]に代表される。

▼

社会性志向（ソーシャル・マーケティング志向）
顧客と企業の満足だけでなく社会全体の利益や社会的責任を重視するもの。環境や福祉などへの貢献に代表される。

　また、P・コトラーは2010年、著書『マーケティング3.0』の中で、時代は顧客満足を目指す消費者志向型である"マーケティング2.0"から、世界に貢献することを目指す価値主導型の"マーケティング3.0"へと移りつつあると述べています。つまり、製品の充足や質の改良を目指した"マーケティング1.0"に始まり、顧客満足を目指す"マーケティング2.0"を経て、世界をより良い場所にすることを目指す"マーケティング3.0"の時代を迎えているというのです。現在、環境問題や貧富の格差などさまざまな世界的問題が顕在化する中で、こうした問題をどう解決すべきかは消費生活にも大きく関わっており、マーケティングにも世界に貢献するという視点と要素が求められるということです。

　"マーケティング3.0"では、人々は単なる消費者ではなく、マインド

とハートと精神を持つ全人格的存在と捉えられており、それに応じて企業もミッションやビジョンを重視する必要が指摘されています。ホテルを例に取って考えると、単に宿泊客に快適であるだけではなく、廃棄物の削減や省エネルギー・節水を実践し社会に貢献していることが、環境に関心を持つ旅行者にとっての選択の価値となるのです。

しかし、一方でP・コトラーは、"マーケティング3.0"は"マーケティング2.0"を否定するものではなく、同様に消費者を満足させることを目指しているとも述べており、将来的に完全に移行する、というよりむしろ同時並行的に進んでいく、と考えるべきでしょう。

マーケティングを考えることは単にモノを売ることではなく、お客様、企業、取引先、株主、社会全体といった、すべてのステークホルダーの満足を追求していくことです。マーケティング理論だけに偏っては実際

マーケティング 1.0, 2.0, 3.0 の比較

	マーケティング1.0 製品中心	マーケティング2.0 消費者志向	マーケティング3.0 価値主導
目的	製品を販売する	消費者を満足させ、つなぎとめる	世界をよりよい場所にする
可能にした力	産業革命	情報技術	ニューウェーブの技術
市場に対する企業の見方	物質的ニーズを持つマス購買者	マインドとハートを持つより洗練された消費者	マインドとハートと精神を持つ全人格的存在
主なマーケティング・コンセプト	製品開発	差別化	価値
主なマーケティング・ガイドライン	製品の説明	企業と製品のポジショニング	企業のミッション、ビジョン、価値
価値提案	機能的価値	機能的・感情的価値	機能的・感情的・精神的価値
消費者との交流	1対多数の取引	1対1の関係	多数対多数の協働

出典：P・コトラー『コトラーのマーケティング 3.0』P.19

のお客様の満足を得ることはできません。そこにはマーケティングを考える人の想像力と創造力が必要なのです。さあ、これからマーケティング理論とともに観光に関するケーススタディを学んで想像力と創造力を鍛えていきましょう。

---

1) 1931年生まれの米国の経営学者。マーケティングの第一人者といわれる。著書に『コトラーのマーケティング3.0』などがある。

Case Study 1

ケーススタディ ❶ 旅行会社の4Pと旅行商品の種類

1 旅行会社の4P

(1) 商品 Product

　旅行会社にとって「商品Product」に当たるのは、一義的にはパッケージツアーや航空券といった旅行商品ですが、そのために必要なのが旅行会社が生み出す「付加価値」です。旅行というものは個人でも手配ができ、旅行会社がなくても成立しますので、旅行会社が売り物にできるのはその付加価値なのです。では、旅行会社の生み出す付加価値にはどんなものがあるのでしょうか。

　付加価値は言い換えれば、旅行者が旅行会社を利用するメリットのことで、下図のようなものがあります。本文で述べたように、「商品Product」には品質や機能だけでなく、アフターケアや保証などの要素もあります。旅行の場合は、旅行会社独自の企画やサービスの提案が商品であること

旅行会社の生み出す付加価値（旅行会社にとっての「商品」）

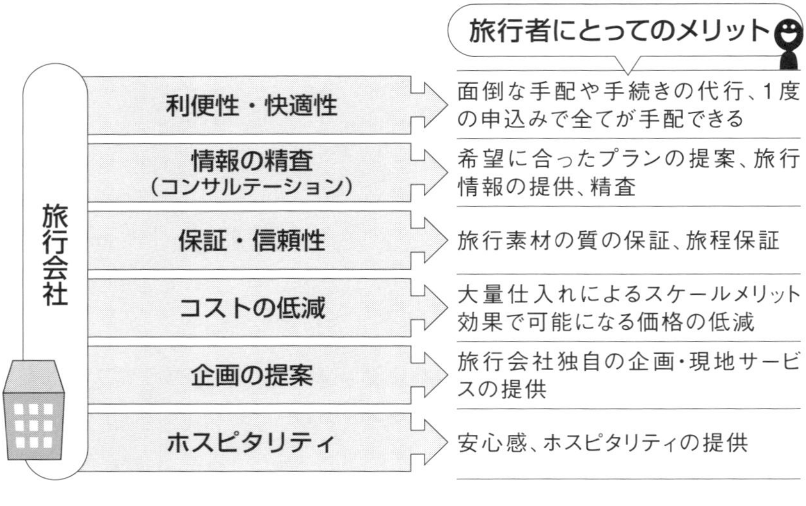

旅行会社		旅行者にとってのメリット
	利便性・快適性	面倒な手配や手続きの代行、1度の申込みで全てが手配できる
	情報の精査（コンサルテーション）	希望に合ったプランの提案、旅行情報の提供、精査
	保証・信頼性	旅行素材の質の保証、旅程保証
	コストの低減	大量仕入れによるスケールメリット効果で可能になる価格の低減
	企画の提案	旅行会社独自の企画・現地サービスの提供
	ホスピタリティ	安心感、ホスピタリティの提供

はもちろんですが、1度の申し込みで旅行がすべて手配できるワンストップ・ショッピングなどの「利便性」や、旅行会社というプロのフィルターを通った旅行素材を提供する「質の保証」、スタッフの「ホスピタリティ」なども含まれます。また、インターネットを通じ旅行情報は誰でも簡単に手に入るようになりましたが、情報の信頼度となると怪しいものや、個人の感性による情報は自分に合うのかわからないものも多くあります。そうした中、情報を精査し、確実なものを独自に入手したり、旅行者に合ったものを選んでいく「コンサルテーション」も商品の1つです（旅行商品については24〜25頁の「旅行商品の種類」を参照）。

(2) 価格 Price

　旅行会社にとって「価格Price」に当たるものには、旅行代金や手続代行手数料（各種予約、パスポート・査証申請など）がありますが、これ以外にも他のレジャーと比較した際の値ごろ感や、旅行会社を利用することで付帯サービスが受けられるといったお得感も重要です。また、割引などもさまざまに行われており、出発日より大幅に早い時期に申し込むことが条件の早期割引、一定数以上が同時参加するグループ割引、子どもやシニアの年齢割引などがあります。通常、子ども代金は宿泊施設や交通機関の規定に準じ12歳までとなりますが、ハワイのパッケージツアーでは、18歳までを割引の対象とすることでファミリー層需要の拡大に成功した例もあります。また、旅行の場合、支払期限は前払いが原則になりますが、比較的高額なことが多いため分割払いやボーナス一括払いの可否なども重要です。

　なお海外旅行の場合、企業のコントロールの域外ですが、為替レートの動きが旅行代金に直接影響するため、円安になるとマーケット自体が大幅に縮小する傾向にあります。さらに、最近では、航空運賃の燃油サーチャージの代理徴収を旅行代金に上乗せして行っており、価格上昇の要因の1つとなっています。

(3) 流通 Place

　旅行会社の「流通Place」には、"どこで買えるのか"という買い手から見た売り場としての流通と、"誰が売るのか"という売り手から見た販売方法としての流通という2つの側面があります。

　売り場としての流通には、店舗、電話、インターネットなどがありますが、旅行業の流通は近年大きく変化しており、従来の店頭や電話に加え、特にインターネットによる販売が大きく売り上げを伸ばしています。店舗を持たない「旅行予約サイト」も躍進しており、旅行予約サイトの代表例ともいえる楽天トラベルは、2014年度の取扱額で主要旅行業者の第4位にランクインするようになりました[1]。

　また、売り手から見た"誰が売るのか"という販売方法としての流通には、企画運営会社と販売会社が別に存在するホールセールと、企画運営会社自体が販売も行うダイレクトセールがあります（第5回流通チャネルを参照）。

　一般商品では在庫管理も流通の要素の1つで、サービス業である旅行業には在庫が存在しないように考えられますが、近年では、旅行会社が航空機をチャーターして企画商品に利用したり、座席の販売を行うチャータービジネスも増えています。この場合は、チャーターした分の座席数はいわゆる在庫となり、在庫管理が必要になります。

(4) プロモーション Promotion

　旅行会社が行う「プロモーションPromotion」では、以下のようなことが行われています。

人的販売 販売員や営業マンによる対面販売などをいい、旅行会社のカウンターセールス、企業などを直接訪問する法人営業などがあります。

広　告 さまざまな種類がありますが、パッケージツアーの広告では媒体として新聞がよく使われます。新聞広告の広告出稿量ランキング[2]を見ると、2014年1～6月のトップ10には、旅行会社が3社も顔を出しています。

他にも、店頭や駅のポスター、電車内の吊り広告などもよく利用される広告です。また、パンフレットは一般的には販売ツールとして利用されますが、旅行パンフレットの場合は、店頭に陳列されるため旅行需要をかき立てる役割もあり、広告手段の1つでもあります。また、旅行の会員誌には旅行に関する記事とともにツアーの案内が掲載されているものが多く、広告としても機能しています。

広告出稿量ランキング（2014年1～6月）

順位	前年	広告主名
1	1	阪急交通社
2	6	サントリー
3	2	興和
4	5	オークローンマーケティング
5	3	日本経済新聞社
6	4	ジェイティービー
7	8	山田養蜂場
8	13	マイケア
9	7	クラブツーリズム
10	11	日経社通販歳時記

出典：日本デイリー通信「広告出稿量ランキング」

販売促進 一般旅行者向けとしては、デスティネーション・キャンペーンやブランド・キャンペーンとして行われることが多く、観光地をPRするデスティネーション・キャンペーンでは現地で利用できるガイドブックやクーポンの配布、特産品のプレゼント、現地への旅行が当たる懸賞ツアーの実施などが、旅行会社のPRであるブランド・キャンペーンではロゴ入りノベルティグッズの配布などがよく行われています。イベントの実施例では、業界団体が主催する「ツーリズムEXPOジャパン」がその代表で、国内だけではなく世界各国・地域から出展者が集まり、一般旅行者や旅行業者に向けて地

Case Study 1　旅行会社の4Pと旅行商品の種類

出典：ツーリズムEXPO「過去のイベントレポート」(http://t-expo.jp/report/)

域の魅力を発信する、いわば旅の見本市として毎年9月に東京で開かれています。

　旅行業者向けの販売促進もあります。旅行会社の中でもホールセラーと呼ばれるパッケージツアーの企画運営会社では、販売の旅行会社を会場に一同に集め商品説明会を開催したり、自社の商品内容を理解してもらうために現地を実際に視察する研修旅行なども行われています。

パブリシティ　新聞や雑誌記事、TVなどで取り上げられるためには、マスメディアに目を引くような情報を発信する必要がありますが、現在、最も利用されているのが「ニュースリリース（プレスリリース）」です。新商品の発売や企業の新しい動きなどについて発信していくもので、多くの企業が自社のウェブページ上に掲載をしています。また、TV番組や雑誌記事にスポンサーとして旅行や現地情報を提供したり、マスメディア向けの説明会などを開催する場合もあります。

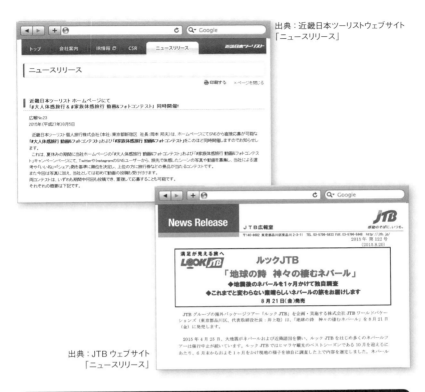

出典：近畿日本ツーリストウェブサイト
「ニュースリリース」

出典：JTB ウェブサイト
「ニュースリリース」

旅行会社の4P

Product 商品

付加価値
- 利便性・快適性
- 情報の精査（コンサルテーション）
- 保証・信頼性
- コスト削減
- 企画の提案
- ホスピタリティ

Price 価格

- 旅行費用
- 手数料
- 値ごろ感・お得感（子ども半額）
- 割引（早期、グループ）
- 支払期限（前払い・チェックアウト時）

Place 流通

買い手から見た流通（場所）
- 店舗
- 電話
- インターネット
- 現地（着地型）

売り手から見た流通
- ホールセール
- ダイレクトセール

Promotion プロモーション

- 人的販売
- 広告
- 販売促進（業者向け・消費者向け）
- パブリシティの誘導
- インターネット、SNS、口コミ

Case Study 1　旅行会社の4Pと旅行商品の種類

2 旅行商品の種類

　旅行商品というとパッケージツアーを思い浮かべることが多いのですが、旅行会社で扱う旅行商品には他にもさまざまな種類があります。分類方法もいくつかありますが、マーケティングに最も関係する旅行会社の主力商品としての種類をまとめると右図のようになります。

　このうち、パッケージツアー以外はほとんどがオーダーメイドです。もちろん、オーダーメイド商品にもマーケティングは必要ですが、やはり最もマーケティングを必要とするのが、不特定多数のお客様を扱うパッケージツアーでしょう。

1）観光庁「主要旅行業者の取扱状況」
2）日本デイリー通信社「広告出稿量ランキング」
3）旅行会社が、旅行の日程や運送、宿泊サービスの内容、旅行代金を企画し、広告などを通じて旅行者を募って実施するタイプの旅行商品。パッケージツアーとも呼ばれる。旅行会社には旅程保証責任があり、旅行内容が変更となった場合には旅行者に変更補償金が支払われる他、不慮の事故による損害には補償金が支払われる特別補償が適用となる。
4）旅行者の依頼により、旅行会社が運送、宿泊などの手配を行うもの。個々の旅行素材を旅行者が選択して旅程を作成する。計画の意思決定は旅行者が行うため、旅程保証や特別補償は適用にならない。

旅行商品の種類

旅行商品名	種類	旅行内容の特徴
パッケージツアー （募集型企画旅行[3]）	フルパッケージ スケルトンパッケージ ダイナミックパッケージなど	旅行会社が内容を企画し、代金を定めて、パンフレットや広告などで旅行参加者を募る旅行商品。 ●フルパッケージ 　宿泊、交通、観光、食事などがセットされたもの。 ●スケルトンパッケージ 　往復交通と宿泊のみのもの。自由度が高い。フリープラン型ともいう。 ●ダイナミックパッケージ 　必要なセット内容を自分で選びオリジナルのツアーを作り上げるもの。
個人旅行 （手配旅行[4]）	宿泊予約 交通手配 各種入場券 レンタカー手配など	旅行者が自ら旅行素材を選んで旅行会社がその手配のみを行うもの。
団体旅行 （受注型企画旅行）	慰安旅行 （職場旅行） 報奨旅行 招待旅行など	個人がそれぞれに申し込むのではなく、旅行参加者があらかじめグループである旅行。 ●慰安旅行（職場旅行） 　社員や構成員の慰安や親睦を目的とした旅行。社員旅行ともいう。 ●報奨旅行 　販売店や社員のモチベーション高揚を目的としたもの。売り上げや業績に応じて招待される。 ●招待旅行 　販売促進や得意先の接待を目的としたもの。"クイズに答えてハワイを当てよう"などはその一例。
教育旅行 （多くは、 受注型企画旅行）	修学旅行 語学研修など	小中高校、大学などで実施される教育研修や体験学習を目的とした旅行。修学旅行がこの代表格。遠足や林間学校、語学研修、ホームステイなどもこれに当たる。団体旅行の一形態。
ビジネストリップ ・業務旅行	出張 視察旅行など	国内外への出張のほか、他の企業や行政の制度、施設を視察する視察旅行、国際会議や見本市への参加のための旅行など、仕事で行く旅行。
インバウンド	宿泊、交通などの手配 定期観光、現地ツアーの企画	外国からの訪日旅行客の国内旅行手配。

＊（　）内は標準旅行業約款上の分類

Case Study 2 航空会社における4P

かつてと比較して、航空を利用する旅行に関しては選択肢が広がりました。特に運賃の安さを訴求してきたレジャー需要に対して、ビジネス需要ではここ数年で大きく様変わりしてきたと言えます。ここでは、ビジネス需要に的を絞って航空会社のマーケティングミックスを考えてみましょう。

(1) 商品 Product

航空会社の商品productは航空座席であることは言うまでもありません。ビジネスクラスの座席は近年目覚ましく改良されました。フルフラットシートはもう当たり前になっています。日本航空の新しいビジネスクラスでは、窓側の席でも隣に座る人を気にすることなく通路に出られる新型シートが好評です。

エコノミークラスではつらいけど、ビジネスクラスは高いというビジネスマンのために、ビジネスとエコノミーの中間に、プレミアムエコノミークラスを設定する航空会社も増えてきました。

また、航空機内だけでなく、空港でのラウンジの利用も航空会社の選好性に大きな影響を及ぼします。ビジネスクラス以上だと無条件にラウンジを利用することができますが、エコノミークラス利用でも、マイレージ会員で一定以上の搭乗頻度を持つ会員に対しては上級ステイタスが付与され、ラウンジ利用が可能となります。

(2) 価格 Price

航空会社の運賃は同じ座席でも多様な価格設定がなされています。変更、取り消しがいつでも可能な普通（ノーマル）運賃は最も高価格で設定されています。そこから、発券期限、席数、利用航空会社、滞在期間、変更、途中降機などに制限を設けることで割引がされています。理由もなく安い運

賃というものはなく、これらの条項に関して制限がかかっているので安く設定されているのです。

　レジャー需要だと、変更がきかなくてもあまり問題はありませんが、ビジネス需要だと変更可能な運賃の方が好まれたりするので、その利用形態によって運賃を選ぶ必要がでてきます。

(3) 流通 Place

　かつては航空会社のカウンターまたは旅行会社でしか航空券の発券ができませんでしたが、今はインターネットで予約・発券からクレジットカード等を利用して決済もできるようになりました。

　そのため、旅行会社不要論なども出てきていますが、実際は価格Priceの項でも述べたように、多様な運賃の選択やビジネスの場合は乗り継ぎ方とかでプロのアドバイスをもらった方がいい側面もあります。また出張の精算を旅行会社に頼むと面倒な計算等をすべてやってくれるところもあり、まだまだビジネス需要では旅行会社の活躍するシーンも多く見られます。

(4) プロモーション Promotion

　かつて航空会社はテレビでのイメージ広告の放映やスポーツや芸術の協賛も積極的に実施していましたが、最近では宣伝費も縮小し、あまり見なくなりました。しかし、スポーツの協賛は、露出が多いことと、実際に運送するというところで協力できるので、比較的多く行われています。また、営業活動はかつては旅行会社に対して行っていればよかったのですが、出張をする企業に直接営業することにより、企業に対して訴求力を持っていく手法も増えてきています。

Case Study 3

ケーススタディ③ 宿泊産業における4P

　宿泊産業には、どういったものがあるでしょうか。わが国固有の宿泊業態である「旅館」や、西洋から導入され、わが国でも大きく発展した「ホテル」、そして他にも「リゾート」と呼ばれる施設も存在しています。他にも、「カプセルホテル」や「下宿」のようなものも宿泊産業に含まれますし、近年では「民泊」という、一般の家庭を解放するといった宿泊のスタイルも増えつつあります。

　こうした施設をそれぞれ、マーケティングの4Pの視点から考察してみましょう。

(1) 商品 Product

　宿泊産業というくらいですから、宿泊、つまり寝るための空間と時間とを提供することが、Productの根幹を成すのは当然です。この点は、宿泊産業のいわゆる「コア・サービス」、あるいはモノとしての製品における「製品の核」に該当すると考えることができます。

　しかし、どんな場所でも寝られるわけではありません。バックパッカーの旅行では、無人駅のホームや神社の軒下などで寝たりすることもあるかもしれませんが、一般にはゆっくり寝たいと思うものです。睡眠中は、人間が無防備になる時間ですから、危険から身を守るための空間が必要となります。

　そして、見知らぬ人と同じ部屋で寝ることに対して、抵抗感を持つ人もいるでしょう。自分だけ、あるいは家族だけで占有できる空間が欲しくなるわけです。

　さらに、ベッドで寝るか、布団で寝るかのいずれを望むかによっても、選択されるProductは変わってきます。かつて日本人の多くは布団で寝る生活が主流でしたが、最近はベッドでの就寝が多くなってきていますから、こ

のような諸要素を考慮に入れつつ、Productとしてのサービス提供施設、すなわち宿泊施設が具体化することになります。これは、モノでいうところの「製品の形態」に該当します。

　最後に、人はなぜ宿泊産業を利用するかというと、普段の生活圏内ではないところでの一時的な生活をする必要が生じるためです。そのため、周辺に関するさまざまな情報を必要としたり、自身の代わりになにかを遂行してもらう必要が生じることがあります。それに応えるために、宿泊産業では多様なサービスを提供しています。これが「サブ・サービス」あるいは「製品の付随機能」と呼ばれるものになります。

　宿泊産業では、この最後の要素をさまざまに活用して、他社との差別化を図っています。「ドーミーイン」というビジネスホテルのチェーンでは、ホテルであるにも関わらず、

- ベッドの部屋以外に畳の部屋を用意する
- 館内を浴衣やスリッパで自由に歩けるようにする
- 夜間に無料のラーメンの提供を行う
- 温泉の大浴場を用意する

といったサービス提供の手法を組み合わせ、これまでの「ビジネスホテル」の枠にとらわれない対応を行っています。

(2) 価格 Price

　100室の部屋を持つ宿泊施設は、100室以上の客室を売ることができません。また、80室しか売れなくても、売れ残った20室を翌日売ることもできません。これらはいずれも、サービスの特性として、モノの販売とは異なる点といえます。すなわち、供給力には上限がある一方、需要には繁閑があるため、なにがしかの対応が必要とされるわけです。

　そこで、宿泊産業では一般に、繁忙期には価格を上げて売上の最大化を図る一方、逆に閑散期には価格を下げて需要の喚起を行い、可能な限

Case Study 3　宿泊産業における4P

りの売上を確保しようとすることになります。これは、同様な特性を持つ航空会社によって研究が進められた「イールド・マネジメント」を、宿泊産業の特性に合わせて改変した「レベニュー・マネジメント」と呼ばれる手法によって行われます。

　一般に宿泊施設では、単一の価格で全室を販売することは少なく、複数のタイプの客室を用意して、複数の価格を設定していることが多いです。特に、大規模な「シティ・ホテル」と呼ばれる施設では、もっとも低価格の客室で2万円程度から、もっとも高価格の客室で100万円近くするものまで幅広い価格帯をカバーし、多様な顧客欲求に応えようとしています。そのため、レベニュー・マネジメントはより複雑なものにならざるをえなくなります。

　わが国を代表するホテルとして長い歴史を誇る帝国ホテルでは、「レディース・フライデー」という企画を打ち出し、稼働率が下がり気味であった金曜日の需要開拓に成功しました。対象とする市場セグメントごとに異なる価格を設定し、客単価の低下を最小限に抑えつつ、売上を増やすことができた好例です。

(3) 流通 Place

　流通の面において、宿泊産業には大きく2つの考え方があります。

　1つは、他の産業におけるマーケティングと同様に、販売経路に関しての問題となります。

　かつては、旅行会社を通じて顧客を集めることが一般的でした。一部の大規模にチェーン展開している企業は、自社の予約センターを構え、直接的に顧客からの予約を受けていましたが、むしろ少数派でした。直接予約を受けたほうが利益は増大するので、宿泊施設側からすればそのほうが望ましいのはいうまでもありません。

　近年では、他の多くの産業と同様に、インターネットを通じた新しい流

通経路が構築され、直接予約も増えています。

　もう1つの考え方は、まさにサービスを提供するその場所、つまり立地に関するものです。

　1984年まで、東京のヒルトンホテルは永田町にありました。すぐ近くに国会が立地していることもあり、国会議員が多く利用していました。ところが、1984年に新宿に移転したところ、国会議員の利用は激減したといいます。宿泊施設に泊まることそのものを目的とした需要に対しては、立地の変更はそれほど問題となりませんが、一般に宿泊施設は、他の目的に付随して利用されることが多いため、立地そのものも重要な問題となります。

(4) プロモーション Promotion

　かつては旅行会社を経由した間接的プロモーションが多かったのですが、近年では、やはりインターネットによる顧客に対しての直接的プロモーションが増加しています。ウェブページを利用した情報発信のみならず、メールを利用した双方向性のあるプロモーションも、しばしば実施されるようになってきました。

　また、OTA（オンライン・トラベル・エージェント）の存在感が増すにつれ、OTAによる顧客評価のランキングも大いに意識されるようになってきました。そのため、積極的にサービスに対する評価をうながすコミュニケーションも増加しています。特にトリップアドバイザーによるランキングは、世界的なプロモーションとしての意義もあるため、各社とも力を入れています。

　そして、顧客を会員組織化してヒストリーを蓄積し、自社チェーンへの宿泊回数や金額に応じたプレミアムの付与も幅広く行われています。きわめて大規模化した世界的ホテルチェーンの誕生は、こうした事情も背景として挙げることができます。すなわち、宿泊産業においては、「範囲の経済」が利くということです。

Case Study 4

ケーススタディ 4 観光地のマーケティング・ミックス ―英国の事例―

　マーケティング・ミックスは、ただ漠然と「商品」「価格」「流通」「プロモーション」を考えるものではありません。国・地域のマーケティングにおいても、一般の製品やサービスと同じく、マーケティング・ミックスは、ターゲット・セグメントのニーズに合致するように構築しなければなりません。

　英国政府観光庁による「オールド・ミーツ・ニュー」では、5つのターゲット・セグメントが設定されています。ここでは、セグメントの魅力度が最も高い「アクティブ・シニア」(海外旅行意欲の旺盛な60歳以上の男女)についてマーケティング・ミックスの具体的な事例を説明します。

　アクティブ・シニアのニーズの合致するために構築したマーケティング・ミックスは、次の通りです。

ターゲット・セグメント	アクティブ・シニア（海外旅行意欲の旺盛な60歳以上の男女）
商品 Product	歴史的・近代的建築物、世界文化遺産、英国式庭園、アフタヌーンティー、ウォーキング、田園風景の散策など
価格 Price	旅行商品の価格、航空運賃
流通 Place	旅行会社、航空会社、OTA（オンライン・トラベル・エージェント）
プロモーション Promotion	紅茶、陶磁器、庭園関連の企業との共同イベント、百貨店での「イギリス・フェア」

(1) 商品 Product

　国・地域のマーケティングでは、商品のことをUSPと呼ぶ場合があります。ユニーク・セリング・ポイント（または、ユニーク・セリング・プロポジション）の略です。国・地域の中の、いわゆる「売り」となるような観光素材のことです。しかし、その国や地域の中にあるからといって、なんでもかんでも商

品にすると、いわゆる「百花繚乱」状態になって、結局、お客様には魅力が伝わりにくくなるので注意が必要です。

　イギリスの場合、アクティブ・シニアのニーズに合致したUSPとして、歴史的・近代的建築物、世界文化遺産、英国式庭園、アフタヌーンティー、ウォーキング、田園風景の散策などを設定しました。具体的な地名や施設名は一切特定せず、テーマやアクティビティに特化しました。それぞれのテーマやアクティビティが体験できる場所として、次の段階で、具体的な地名や施設名を伝えていました。

(2) 価格 Price

　国・地域のマーケティングでは、一般の製品やサービスと異なり、マーケティングの主体者となる政府や自治体が、価格をコントロールすることが一般的ではありません。旅行会社による自国向けの旅行商品の価格、航空会社による航空運賃などを目安としている場合が多いようです。比較的よく行われているのが、旅行会社と戦略的に連携しながら、自国向けの旅行商品に「値ごろ感」を演出する手法です。

　アクティブ・シニアが好む競合の国・地域の旅行商品が、現在どれくらいの価格帯で販売されているのか、どういった内容のツアーなのかをリサーチしながら検討していきます。価格のみならず、さらなるお得感を演出するために、現地で使えるディスカウント・クーポン、観光施設の入場券などの付加価値を付与することも有効です。

Case Study 4　観光地のマーケティング・ミックス

(3) 流通 Place

海外の国・地域にとって流通とは、「(その国・地域を訪問できるツアーや航空券を)どこで買えるのか?」ということです。海外の国・地域は、自国のツアーや自国に乗り入れる航空会社のチケットを販売することができま

せん。したがって、旅行会社や航空会社が流通として重要な役割を果たします。特に、日本市場においては、海外旅行者のうち約7割が旅行会社を利用するといわれていることから、より旅行会社が重視されているようです。一般的に、年齢を重ねるにつれ、添乗員つきのパッケージツアーが好まれるようです。

アクティブ・シニアを効果的にイギリスに誘致するためには、多くの旅行商品が市場に流通していることが前提です。旅行会社には、アクティブ・シニアに関するマーケティング情報(関心、ニーズ、USP等)を積極的に共有し、アクティブ・シニアが好むような旅行商品を開発してもらい、なるべく多くの旅行商品を流通してもらうような働きかけが大切です。

(4) プロモーション Promotion

アクティブ・シニアのセグメントに対しては、他のセグメントへのアプローチ手法とは異なり、広告やデジタルプロモーション等を極力減らし、イベントを重視しました。

マーケティング調査の結果から、イギリス旅行に関心のあるアクティブ・シニアが「紅茶」「陶磁器」「庭園」に関心が高い傾向があるということがわかりました。したがって、アクティブ・シ

ニアに対するイベントを開催する場合は、紅茶、陶磁器、庭園の要素を多く盛り込みました。それぞれの分野の専門家やタレントを招待して、イギリスの魅力を積極的に語ってもらいました。また、潜在的なイギリス・ファンに効率的・効果的に接触するため、紅茶（リプトン、フォートナムメイソン等）、陶磁器（ウェッジウッド、ロイヤルドルトン等）、庭園（ナショナルトラスト等）の企業がイベントを主催する場合、共同ブースを出展したり、共同キャンペーンを実施するなどの努力をしました。

第2回 人はどうして商品を購入するのだろう？

Theme テーマ ニーズ・ウォンツ・需要の違いを理解する

　第1回で詳しく触れてきましたが、端的に言うと、マーケティングとは、「お客様の思い」を正しく理解するための活動です。

　では、「お客様の思い」とはいったいどういったものなのでしょうか。お客様の思いを3段階に分けて説明するとわかりやすいでしょう。

ニーズ needs	ウォンツ wants	需要 demands
人が何かしらの不足を感じている状態にあること。	ニーズに基づいてある特定の商品が欲しいという具体的な欲望として顕在した状態。	ウォンツに対して購買力のフィルターを通ったもの。

　すなわち、**ニーズ**とは、具体的な商品が特定されているわけではありませんが、何かが足りなくて不満足な状態を指します。そして、その**ニーズ**に基づいて「あれが欲しい！」と具体的な欲望として明らかになった状態が**ウォンツ**という言葉で表現されます。そして、人間はひとたび欲望を持つと限りないものですが、それを得るために自分が支払うことができる対価は限られています。より現実的に買うことができる範囲に着地したものが**需要**です。

　これだけではあまりピンと来ないでしょうから、想像しやすい具体的なケースをあげてみたいと思います。

　女の子ならだれしもキレイになりたいと願うものでしょう。そしてキ

レイになるために、お化粧したり、エステに通ったりすると思います。この「キレイになりたい→自分の満足するほどのキレイがいま足りない」というのが**ニーズ**です。そして、「キレイになるために、お化粧をしようかしら」と思うのが**ウォンツ**です。そして、そのために自分に合った化粧品として、たとえばマキアージュにしようかなと思うのが**需要**になるのです。

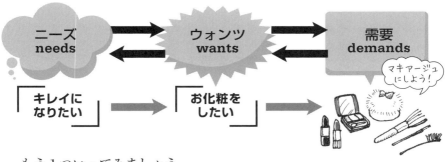

もう1ついってみましょう。

旅美さんは高校時代から付き合っていたカレシが浮気して別れてしまいました。突然の別れだったので、自分の中で全然整理がつきません。部屋にこもっていても悶々とするばかり。でも早くあんな浮気男は忘れたい！　ということで、日常から離れて旅をすることにしました。やっぱり「バカヤロー！」と叫ぶのだったら北の海だと思って調べてみたら、案外安いツアーがあったのでクラスメートの観子と北海道の納沙布岬に行くことにしました。

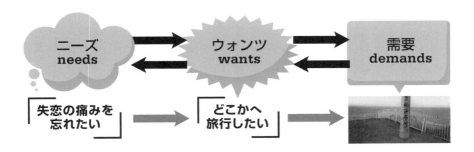

このエピソードを分析すると、「失恋の痛みを癒す」のが**ニーズ**、そのニーズを満たすために「旅をする」という手段をとりましたが、これが**ウォンツ**、そして「納沙布岬のツアー」が**需要**です。
　需要は販売促進活動や広告活動で刺激して創発することができますが、**ニーズ**は創発することができないという意見もあります。でも、今まで自覚していなかった**ニーズ**を顕在化して認識させることはできます。
　わが家にはやんちゃ娘がいます。
　彼女が２歳のとき家族３人で韓国旅行することになり、パスポートを取得しなければいけなくなりました。そこで証明写真を撮りに値段が安い近所の写真館に行ったのですが、そこは「魔の２歳児」と言われるだけあって、まったく静止しません。カメラマンもさんざん苦労した挙句、お菓子を食べさせて黙ったところを撮ったのですが、できあがりの写真は口をもぐもぐ動かしているのがバレバレで、このパスポートをあと５年も使うのかと思うと、ちょっと悲しくなりました。
　そして、七五三がやってきました。離れて暮らす祖父母が孫の晴れ姿を見たいというもので、今回は試しに子ども専門の写真館で最近業績を伸ばしているスタジオアミに行ってみました。そこでは、衣装の貸出だけでなく、琴・扇・まりなどの手の込んだ小道具も一式そろって写真撮影を行っていたのです。当初、小道具なんてわざとらしいと思って衣装だけ借りてシンプルに撮る予定にしていたのですが、いざ撮影が始まると、あのやんちゃ娘がカメラマンのお姉さんに見事にのせられて、満面の笑顔を連発しているのです。そして、あのわざとらしいと思っていた小道具が、娘の可愛さをひときわ引き立てているではありませんか！　そこではっと気づきました。欲しかったのは写真ではなく、子どもの笑顔の瞬間なんだ！　結局、予算をオーバーしても、小道具つきの写真も追加で注文してしまいました。
　デジカメが普及して写真はより身近になったものの、子どもは動くし

　デジカメはレスポンスが遅いのでなかなか会心の笑顔は撮れないものです。そんな中で、今回あのやんちゃ娘をこんなにステキに撮ってもらえたので、予算は5万円もオーバーしてしまいましたが家族みんな大満足でした。

　この例で考えると、「スタジオアミで撮影する」というのは需要ですが、「七五三の写真」というのはニーズではなく、実はウォンツであり、ニーズは「娘のステキな笑顔」だったのでしょう。この場合、当初の予算よりオーバーしていますが、本当のニーズが満たされたことで、喜んでお金を出しているのです。

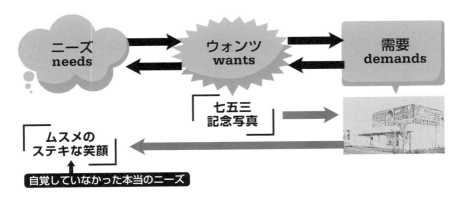

　安売りだけがお客様を喜ばす手段になってしまうと、その業界全体は消耗戦になってしまいます。残念ながら旅行業界もそうなりがちですが、目先の「需要」だけに目を向けるのではなく、本当の「ニーズ」をつかむように工夫をしていかなければいけません。

Case Study 1

ケーススタディ ❶ バースデー割引と旅割

　航空運賃はかつては航空会社が勝手に決めることは許されませんでした。事前に運輸省（現国土交通省）の認可をもらわなければならず（認可制）、その結果同一路線で複数の会社が運航していても運賃は全社同じでした。

　しかし、規制緩和の声が高まる中、1998年9月にはスカイマークエアラインズ、12月にはエア・ドゥという新しく設立された航空会社が大手航空会社のほぼ半値の運賃を設定して参入したことをきっかけに、航空会社は本格的な運賃競争の時代に入っていきました。大手航空会社はそのときは、特定便割引というかたちで、新規参入航空会社とほぼ同時間帯の便や早朝便に特定して、格安な運賃を設定して対抗しました。

　運輸省は2000年2月に航空法を改正し、航空運賃はそれまでの認可制から事前に届け出れば航空会社が自由に運賃を設定できるようになり（事前届出制）、航空会社はそれまでの画一的な運賃形態から脱却し、よりお客様のニーズにあった運賃を自由な判断で多様な運賃を設定し始めました。早めに予約・購入すれば安くなるバーゲン型運賃、親族の介護目的で帰省する人のための介護帰省割引などとともにバースデー割引という運賃も生まれました。

　バースデー割引とは、文字通り誕生日の前後1週間ならその誕生日を迎える人プラス3人が同時に旅行する場合格安に飛行機に乗れるというものです。この運賃が他の割引運賃と比較してユニークなところは、他の割引運賃は、すでに飛行機に乗りたい意思があるお客様を他社との競合に打ち勝つために割引するという意味のもの（特定便割引等）と、もともと飛行機を利用したいと思ってはいるけど、なかなか高くて乗れないとあきらめていた人たちに乗ってもらおうとするもの（介護帰省割引）がほとんどですが、バースデー割引は、今までは需要として認識されていなかったけれど、潜在的

なニーズを刺激して需要を創発したところにあります。

　考えてみると、誕生日のお祝いって、なぜか、家かそう遠くないところのおしゃれなレストランやホテルで祝ってましたよね。でも、誕生日を祝うときのニーズって、普通の日とは違う、特別な気分を味わいたいという気持ちだと思います。だったら、近隣よりももっと非日常の空間に移動して祝ってもいいんじゃないかと考えて、祝ってもらいたい親しい人と一緒に飛行機で遠くに行って祝うという需要に結びつくのではないかと発案者は考えたのでしょう。なかなかしゃれていますね。

　このバースデー割引は発表後着実に認知され、恋人同士、親友同士、家族など新しい誕生日の祝い方として旅に出て祝うという選択肢が定着することになりました。

　しかし、広く認知されると、この運賃の問題点も指摘され始めました。まずゴールデンウィーク、お盆、年末年始に生まれた人は、ピークなのでその前後にずらさなければならないというルールから来る不公平感がクレームとなってきました。また、誕生日だけでなく、結婚記念日、入学・卒業・就職・退職祝いなど、いろんなお祝いにも使いたいという多様な要求も出てきました。そこで、全日空は誕生日というくくりをなくし、誰とでも、どんなシーンでも使えるようにと「旅割」という新しい割引運賃を設定し、バースデー割引を発展的に解消しました。日本航空は全日空の旅割に対抗して同様の「先得割引」を設定しましたが、バースデー割引はルールを変更せずそのまま継続していました。しかし、2007年3月に需要創発の役割は果たしたと判断されたのでしょう。その幕を閉じました。

　航空運賃は2000年の航空法改正を機に多種多様な運賃が設定されて、それぞれルールがこと細かく決められ、2003〜2005年当時は、逆にお客様の立場で見ると種類が多過ぎてわけがわからないという印象を受けたのも事実です。ですので、今はよりシンプルにお客様にわかりやすく使い勝手のいい運賃を提示することのほうが、需要に結びつくという考え方に基づいています。

Case Study 2
ケーススタディ ❷ ハワイのファミリークルーズ

　日本人のハワイ旅行の形態として最も多いのは家族旅行で、2014年度の調査では旅行同行者のうち38.6％を占めるのが「家族・親族」となっています。特に夏休みには家族旅行が増えるため、この時期、旅行会社各社はファミリー向けプランに力を注ぎます。お得な子ども代金の設定やコネクティングルームの確保といったことはもちろん、特に子どものためになる体験や学習といった要素も重要で、現地で参加できる子ども向けイベント企画などもさまざまに行われています。

　こうした企画の中で、ファミリー層に大人気になっているのが、ルックJTBが企画するファミリー限定の「スター・オブ・ホノルル号モーニングクルーズ」です。ハワイで人気のクルーズ船スター・オブ・ホノルル号で朝のワイキキビーチをクルーズするもので、ルックJTB『わいわいファミリー・ハワイ』の旅行者だけが参加でき、しかも無料。特筆すべきは船内で行われる子ども向け企画で、船長やスタッフと英語で会話をする「キャプテンの英語レッ

出典：JTBウェブサイト http://www.jtb.co.jp/lookjtb/tour/waifami/hawaii/kanto/modelplan.asp

スン」、フラダンスが学べる「みんなで踊ろう！フラ！」など、ハワイならではの学習が約2時間のクルーズの船内で体験できるよう企画されています。子どもが楽しく学べるよう簡単なミッションが設定されており、これをクリアするとちょっとしたプレゼントも用意されています。また、船内では朝食ビュッフェが用意されていて、親にとっても、朝のクルーズを楽しみながら朝食が食べられるので、無料で参加できるのはお得感があります。

　では、ニーズ・ウォンツ・需要で考える、この企画の成功要因は何でしょうか。「モーニングクルーズがあるからルックJTBで行こう」という需要に隠されているウォンツを考えてみましょう。ハワイへの旅行者は「ハワイを満喫したい、ハワイならではのことをしたい」と考えます。加えて、家族旅行では「子どものためになる（楽しい、勉強になる）」ことも求められます。以前と比べて身近になったとはいえ、"家族でハワイ旅行"となると親にとっては費用的にも時間的にも大きな負担で、その分期待も大きく、「せっかくお金も時間もかけるのだから、子どもには日本ではできないハワイならではの体験や学習をさせたい」といったところでしょう。

　それに応えたのが、英語レッスンやフラレッスンです。クルーズに参加した親たちは、子どもたちが、白い制服を着たカッコイイ船のキャプテンと英語で話す様子や、アロハやムームーを着た地元のダンサーと一緒にフラダンスを楽しむ様子に満足し、夢中で写真に収めています。「ハワイならでは」というウォンツに対してはクルーズやフラを、「子どものためになる」というウォンツに対しては本場の英語を提供しているのです。

　では、その背景にあるニーズは何でしょうか。これにはやはり「（家族で）ハワイに行きたい」がありますが、それとともに「それをちょっと自慢したい、思い出として形に残したい」ということがあります。日本人の海外旅行の行き先としてハワイの人気は高く、「最も行きたいデスティネーション」では毎年トップです。治安や気候がよく常夏のリゾートとして知られるハワイは、雑誌やTV番組などの露出度も高く、近年ではスイーツなども人気を

Case Study 2　ハワイのファミリークルーズ

集めていますから話題性はバツグンです。また、海外旅行はちょっとした贅沢でもあるので、やはり誰もがどこかに自慢したい気持ちも持っています。「ハワイへ行くの？　いいなあ」と友人に言われればうれしいですし、「ランカウイ？　どこそれ？」ではあまり自慢になりません。ハワイは老若男女を問わず誰もが知っているからこそ、行きたいデスティネーションでもあるのです。また、『○○へ行ってきました』というお土産の菓子が日本各地の観光地で人気があるように、ハワイを満喫しているいわゆる"リア充"がビジュアルでわかる（つまり、形に残る）ことも重要で、白い制服のキャプテンやフラのダンサーと一緒に写したわが子の写真は「ハワイへ行ってきました」には格好の素材です。これは、「ちょっと自慢したい」のニーズにも「思い出として形に残したい」のニーズにもピッタリというわけです。

最も行きたいデスティネーション

	2007	2009	2011	2013	2014	2015
❶	ハワイ	ハワイ	ハワイ	ハワイ	ハワイ	ハワイ
❷	オーストラリア	オーストラリア	オーストラリア	オーストラリア	イタリア	イタリア
❸	イタリア	イタリア	イタリア	イタリア	フランス	フランス
❹	フランス	フランス	フランス	フランス	オーストラリア	オーストラリア
❺	韓国	スイス	韓国	スイス	韓国	スイス
❻	スイス	カナダ	英国	英国	スイス	英国
❼	カナダ	英国	カナダ	韓国	英国	カナダ

資料：『JTB REPORT 日本人海外旅行のすべて』（2008〜2015年度版）をもとに筆者作成

　また、もう1つのニーズに"1ランク上の家族の時間（夏休み）"というのもあります。いつも忙しくなかなか家族揃って楽しい時間を持つ機会がない

から、祖父母と孫が一緒に遊ぶ機会がないから、"一緒に過ごす時間をつくりたい"、またそれは"上質な家族の時間として演出したい"、ということもハワイの家族旅行のニーズとしてあげられます。特に「1ランク上の」はポイントで、その意味では家族をターゲットとしたハワイの競合は近場の海水浴場やファミレスではなく、国内の高級貸別荘・コテージかもしれませんし、ひょっとすると旅行ではなく2世帯住宅への改築となるのかもしれません。

　ハワイへのファミリー・ツアーは、旅行会社各社から発売されています。その中で、自社商品を選んでもらうためには、価格も重要ですが、家族の心を捉える企画が必要です。家族の、特に親のニーズ、ウォンツを的確に捉えたのが、ファミリー限定の「スター・オブ・ホノルル号モーニングクルーズ」といえるでしょう。

Case Study 3

ケーススタディ ❸ アマンリゾーツに泊まる人々

　1988年、タイのプーケットに、それまでまったく存在しなかったようなリゾートが開業しました。客室数はわずか30室で、すべてが独立したヴィラ形式となっており、各ヴィラが115㎡もの広さを誇っていました。それが2015年現在、全世界に30軒ものチェーンを展開する「アマンリゾーツ」のスタートとなった「アマンプリ」です。

　創業者のエイドリアン・ゼッカは、インドネシアの裕福な家庭に生まれましたが、同国における政変ののち国を離れ、シンガポールなどでジャーナリストとして成功しています。その後、香港のかつての「御三家」の1つ、「リージェント」を擁するリージェント・インターナショナルの経営に参画しました。その経験を活かして、1988年に開業させたのが「アマンプリ」です。

　同年、タヒチのボラボラ島に「ホテル・ボラボラ」をオープンしたのち、1989年にはバリ島のウブドに「アマンダリ」、1992年同じくバリ島のヌサドゥアに「アマヌサ」、チャンディダサに「アマンキラ」と立て続けに開業しました。同時に、フランスにはスキーリゾートの「ル・メレザン」を開業しています。翌1993年には、インドネシアにあるモヨ島にテント・リゾートの「アマンワナ」、フィリピンのパマリカン島に「アマンプロ」も開業し、創業からわずか5年で一気にアジアを中心として7軒もの展開を果たしたのです。

　現在では、アジアを中心に、ヨーロッパやアメリカなど、世界中に30軒近くのリゾートを展開し、2014年には日本にも進出を果たしました。アマンリゾーツとしては初めての本格的都市型ホテルです。東京駅からほど近い、「大手町タワー」の33階から38階という、同ビルの上層階6フロアを占め、わずか84室しかない客室は、一番ベーシックな部屋でも71㎡あり、その客室は10万円以上の料金設定になっています。

　このような価格設定から、しばしば「ラグジュアリー」や「最高級」といった表現をあてられる同チェーンですが、実際のところはどうなのでしょうか。

アマン東京の例でいえば、最低価格の客室は1泊約10万円ですが、最高価格の客室は1泊約30万円です。一方、帝国ホテル、ホテルオークラ、ホテルニューオータニの「御三家」と呼ばれるホテルには、100万円近くする客室もあるようです。

　その点からは、必ずしも「最高級」のホテルというわけではなさそうです。それでは、どういった人たちがここに泊まるのでしょうか。

　一般にホテルに宿泊するのはどういう場合が多いでしょう。仕事での宿泊の場合には、例えば客先での仕事のため、家に帰ることができない遠隔地に赴いた場合には、ホテルに泊まらざるをえません。あるいは、観光地に行った際も、家にすぐ帰るのではなくその観光地周辺を周遊するために、宿泊することを考慮に入れる必要があります。

　すなわち、他の主たる用件があって、その用件を果たすために家に帰ることができない場合に、ホテルに泊まるということが必要となるわけです。

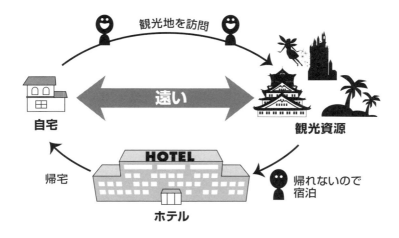

　ただし、一部の、特に高級なリゾートホテルの場合には、そのリゾートに滞在することそのものが目的となることがあります。モルディブなどの海洋リ

Case Study 3 アマンリゾーツに泊まる人々

ゾートの場合、もちろんマリンスポーツをするためという目的を持つ顧客もいるでしょうが、一方で海を眺めながらゆったりとした時間を過ごしたいという客層がいることもまた事実なのです。

　アマンに泊まる人は、泊まることそのものを目的とする客層が多いといいます。冒頭で述べたとおり、アマンのほとんどはリゾートであり、そういう場でゆっくりしたいという客層の支持を得て成長してきたという側面もあるでしょう。

　中には「アマン・ジャンキー」と呼ばれる、あちらこちらのアマンリゾーツを泊まり歩く「熱烈なファン」も存在しています。事実、アマンに泊まると、チェックアウトの際にネームタグをつけてもらえますが、そのネームタグが施設ごとに違うために、それを集めている顧客さえもいるとのことです。

上：アマンウェラ、下：アマン東京のネームタグ

　アマン東京の場合には、シティホテルということで、滞在が主目的という客層はそう多くないと思われますが、それでも一定数はいるようです。

　「そこに行くことが旅の目的」とは、ミシュランの3つ星レストランに捧げられる称号ですが、ホテルにもそういう存在が増えてきているのは興味深い事実です。

アマンガラのプール

アマン東京のロビー

Case Study 4

ケーススタディ ④ モルディブの失敗に学ぶ

　モルディブはインド洋に浮かぶ真っ青な海と真っ白な砂が美しいビーチリゾートが売りの島です。もともとヨーロッパ人の観光客が4分の3を占める観光地ですが、アジア・アフリカ各地でビーチリゾートの観光開発が進んだ影響で、1990年代後半あたりから入込客数が頭打ちになっていました。そのため、ヨーロッパのツアーオペレーターがマーケティング戦略の再構築を行い、その美しい海という素材を武器に、ハネムーンとダイビングで売り出すことを決めました。

　ここまでのところ、みなさんはこの戦略に対してたぶん疑うことはしないと思います。でも、数年経ってみたら、観光客は増えるどころか、逆に減少していたのです。どうしてでしょう？

　観光客から寄せられたクレームを検証してみると、圧倒的にハネムーナーからのクレームが多いことがわかりました。ハネムーナーが最も訪れる季節というと、やはりジューンブライドというくらいですから6月ですよね。でもこの時期モルディブは雨季の真っ只中で、雨嵐のおかげで客室から一歩も外に出られないといった状況なのです。文字通り、嵐に"洗礼"されたハネムーナーたちが本国に帰り、その惨状を口コミで伝えることで見事に悪評が広がってしまいました。

　また、雨季を外して訪れたハネムーナーたちも大クレームをあげていました。同じくターゲットとされたダイバーに対するクレームです。ダイバーという客層の旅行先でのライフスタイルは、夜になると仲間たちでつるんで野外で酒を飲んだり花火をしたり騒いだりする場合が多いので、ラグジュアリーでロマンチックな雰囲気の中で、静かにまったりと落ち着きたいハネムーナーたちとはライフスタイルが全く異なっていたのです。当然ハネムーナーからは大きな不評を買い、クレームが多発すると同時に、各所で両者が反目するシーンがしばしば見られたようです。

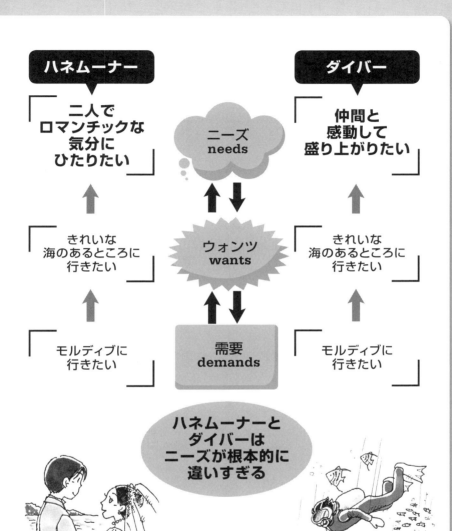

　これはダイバーとハネムーナーの**ウォンツ**は「美しい海を持つ観光地に行きたい」ということで一致しているけれど、**ニーズ**が全く異なっていることを理解していなかったことの典型例といえます。

第3回 お客様って、誰だ？

Theme テーマ　セグメンテーション、ターゲティング、ポジショニング、ドメイン

■セグメンテーション

　マーケティングの授業では、よく**セグメンテーション**とか、セグメントという言葉が使われます。日本語では**セグメンテーション**は市場細分化、セグメントは分けられた1つ1つのグループのことを指し、消費者を"ある尺度"で共通したグループに分類することを言います。

　"ある尺度"、つまり、グループ分けをする基準は、販売する商品に応じてさまざまですが、最も基本的な**セグメンテーションの基準**には次のようなものがあります。

セグメンテーションの基準

基準	説明
人口属性基準	性別、年齢、収入、家族構成、職業など個人の基本的な属性の違いを基準としたもの。広くは教育程度や人種、宗教などもこれにあるが、日本人の場合は欧米ほど大きな差異はない。
地理基準	都道府県や市区町村などの行政区画、関東や九州といった大きな区画での地方、人口密度、気候など、地理条件の違いを基準としたもの。食品の味の好みなどは地域によって差異があるといわれている。
心理基準	性格やライフスタイルなど、個人の価値観や考え方の違い基準としたもの。仕事重視、余暇重視、エコロジー志向、合理主義といった個人の行動の基となる考え方や性格をいう。
行動基準	商品の購買頻度や広告への反応度、価格へのこだわり、ブランド・ロイヤルティ[1]など、消費行動に際しての違いを基準としたもの。

　しかし、実際にはこうした基準を単独で1つのセグメントとするのではなく、多くの場合はいくつもの基準を組み合わせて、その商品の性質にあったセグメントを作ります。

先生、いくつもの基準を組み合わせてセグメントをつくる、というのがよくわからないのですが。

旅美

先生

そうですね。海外パッケージツアーを例に考えてみましょう。
一般的に海外旅行の**マーケット・セグメンテーション**は「学生」、「社会人若年層」、「ハネムーナー」、「ファミリー」、「熟年層」というように年齢や世代別で行うことが多いのですが、世代別といってもハネムーナーやファミリーにはさまざまな年齢層があり、ファミリーは子供が2～3歳のこともあれば高校生のこともあります。
19歳の旅美さんもお友達と行く場合は「学生」のセグメントになりますが、ご両親と行く場合は「ファミリー」になりますし、早ければ、「ハネムーナー」ということだってあります。
つまり、『世代別』という要素と『同行者』という基準を組み合わせてセグメントを作っているのです。

そっかぁ、同じ人でも状況の設定によって違うセグメントになる場合もあるのですね。

　旅行商品の場合は主に同行者という基準を用いますが、商品によっては、『住んでいる地域』や『こだわりのブランド』など、さまざまな基準が使われます。もちろん旅行商品でも『住んでいる地域』は重要で、たとえば同じ冬休みでも、寒い地域に住む人は暖かい所へ遊びに行きたいと思うでしょうし、暖かい地域に住む人はスキーがしたいと思う人も多いでしょう。1つの商品でも複数の基準が必要なことが多いのです。
　では、なぜこうした**セグメンテーション**が必要なのでしょうか。現在、世の中に溢れる商品やサービスは、単にその機能を果たせばよい、というわけではありません。衣服ひとつを取ってみても、大昔であれば寒さや照りつける太陽から身を守れればよかったのですが、現在は、こうした機能はもちろんのこと、男女の違いや年齢によってデザインは違いますし、好

みによって、また、着用する場面によって必要とされる商品は違います。つまり、その人それぞれの好みや使う場面に応じた商品やサービスを提供しなければ、モノは売れないし満足されないということになります。けれども、1人1人の注文を聞いて作るオーダーメイドの商品ではどうしても時間が掛かりますし、値段も高くなってしまいます。そこで、ある程度同じ属性や価値観を持つ人々のセグメントを設定し、その人たちから最も支持が得られる商品やサービスを作り上げることは、販売する側にとっても、消費者にとっても都合がよい、ということになります。

■ターゲティング

そして、こうして分けた特定のセグメントを対象に、絞り込んだ商品やサービスの開発や販売を行うことを**ターゲティング（標的化）**といい、ターゲットを意識したターゲット・マーケティングには56〜57頁のようなものがあります。

■ポジショニング

こうしたセグメンテーションは、**ポジショニング**にも利用することができます。ポジショニングとは、対象セグメントを決め、その中のどんなニーズに対応する商品にするのか、また競争相手の商品はどうかを検討した上で、その商品の市場での戦略的位置づけを考えることです。つまり、ターゲティングを行った上で、対象セグメントのニーズやウォンツ、志向、競争相手の商品を考慮して、その商品にとって最も魅力ある市場を決めるのがポジショニングです。商品の企画・開発には対象セグメントのニーズやウォンツと商品コンセプトが合っていなければなりません。そのためには、セグメントとそのニーズやウォンツを整理し、ポジショニング・マップを作ると分析しやすくなります。ケーススタディの項では、実際に旅行のケースを例にしてポジショニング・マップを作成してみましょう。

■ドメイン

　また、こうしたポジショニングを行うことは企業が**ドメイン**を設定することにもつながります。ドメインとは、企業の生存領域ともいわれ、その企業が活躍できる領域、つまり、その企業が一番得意とするテーマのことです。さまざまな企業が乱立する今日ですから、皆が同じ事業をしても競争が激しくなるばかりで生き残っていくのが困難です。企業は明確な自社のドメイン設定をする必要があると言われています。ハワイを扱う旅行会社を例にとると、"旅行"をドメインとするのであれば国内旅行やパッケージ以外の旅行を扱うことが考えられますが、"ハワイ"をドメインとすれば、旅行ではなくアロハシャツやトロピカルな小物を扱うことも考えられるのです。

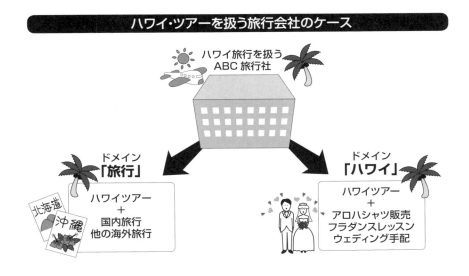

---

1) ブランドへの忠誠心。1つの製品カテゴリーの中で、特定のブランドを一貫して購入する程度をいう。

ターゲット・マーケティング

差別型マーケティング

各セグメントにそれぞれあったマーケティング・ミックスを考えて、すべての市場を取り込もうとする方法。多くのセグメントを対象とするため、多品種となりコストが掛かる。大企業でないと難しい手法。

集中型マーケティング

特定のセグメントだけを対象とし、マーケティング・ミックスを集中的に展開する方法。その企業の得意分野をフィールドとし、特定セグメントだけを相手とするため、差別型と比べるとコストは少なくて済む。

無差別型マーケティング
（マス・マーケティング）

セグメンテーションを意識せずに、すべての消費者を対象としてマーケティング・ミックスを展開する方法。さまざまなタイプの消費者の最大公約数を取るため、多くの人にそこそこの満足感はあるものの、大満足を得るのは難しい。

〈例〉京都ツアーのターゲット・マーケティング

市場をA熟年夫婦、B女性グループ、C学生に分け、A熟年夫婦には高価格でもこだわりのツアーを、B女性グループには手軽に楽しめて花などを楽しむ女性好みのツアーを、C学生にはみんなでワイワイできるツアーを、といったふうにそれぞれに合った商品を企画し、すべての市場を取り込もうとするマーケティング。

マーケティング・ミックスA
商品:老舗旅館で季節料理を楽しむ
価格:5万円
販売方法:店頭
プロモーション:新聞広告

マーケティング・ミックスB
商品:日帰りでさくらを楽しむ旅
価格:1万円
販売方法:電話、ファクス
プロモーション:織り込みチラシ

マーケティング・ミックスC
商品:卒業旅行 もう一度修学旅行
価格:2万円
販売方法:インターネット、電話
プロモーション:インターネット、雑誌広告

A熟年夫婦だけをターゲットにして、こだわりのツアーを企画し、特定市場だけを取り込もうとするマーケティング。

マーケティング・ミックスA
商品:老舗旅館で季節料理を楽しむ
価格:5万円
販売方法:店頭
プロモーション:新聞広告

特に市場を細分化せずに、「安い」「フリー」など多くの人々に共通して好まれるツアーを企画し、広い市場を取り込もうとするマーケティング。

マーケティング・ミックス
商品:1泊2日フリープラン
価格:2.5万円
販売方法:店頭、電話、インターネット
プロモーション:新聞広告、インターネット

Case Study 1

ケーススタディ ① ポジショニング・マップ
ハワイのパッケージツアーのケース

　ハワイのパッケージツアーを例にポジショニング・マップを作ってみましょう。ポジショニング・マップとは、①どのセグメントに、②どんなニーズがあるのかを考え、その商品がどこに対応するのかを整理するものです。まず、海外旅行のマーケット・セグメンテーションですが、「学生」、「社会人若年層」、「ハネムーン」、「ファミリー」、「熟年層」などに分けることが出来ます。また、旅行者のニーズですが、旅行商品の購買には大きく「旅行目的（何をしに行くか）」と「価格（いくらで行けるのか）」が影響しますから、目的を縦軸、価格を横軸にポジショニング・マップを作ると次のようになります。

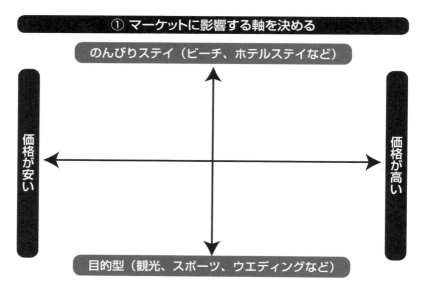

① マーケットに影響する軸を決める

　これに、それぞれのセグメントを置いてみましょう。まず、「学生」は価格がなるべく安くていろいろ体験したい層と捉えました。「社会人若年層」は学生よりは金銭的余裕があってもそれほどお金はかけられない。い

ろいろ体験もしたいけど仕事で疲れているのでのんびりもしたい、といった感じでしょうか。「ハネムーン」は一生に一度の思い出だから少しふんぱつして。でも2人でゆっくりしたいですね。さらに、「ハネムーン」には現地で挙式する「海外ウエディング」もあって、これは目的型といえます。「ファミリー」の場合、学生よりは金銭的には少し余裕があり、子供連れなのでビーチでのんびり、と捉えました。「熟年層」は金銭的に余裕があり、アクティブに観光やゴルフを楽しむことが多いようです。これらを実際にマップの上に置いてみましょう。

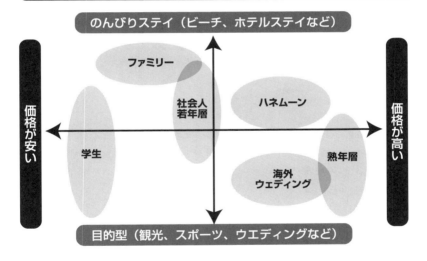

② 対象のセグメントがどこに位置するのかを決める

こうして出来たのがハワイツアーのポジショニング・マップです。どうですか？　ずいぶん整理ができたでしょう。実際のハワイのパッケージツアーも大きく分けると"ハネムーン向け"、"ファミリー向け"、"低価格"、"添乗員同行"などを特徴として分類できますが、それぞれがどこをターゲットに企画しているのかは、もうおわかりですね。

Case Study 1 ポジショニング・マップ

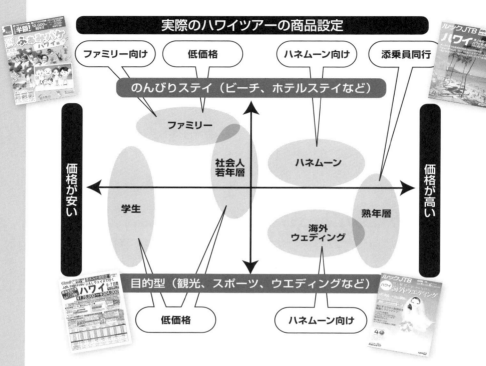

　海外旅行マーケットのデータ集『JTB Report 日本人海外旅行のすべて』では、海外旅行のマーケットを「学生（男女別）」、「未婚女性1（15〜29歳）」、「未婚女性2（30〜44歳）」、「有職主婦（15〜44歳の職業を持つ既婚者）」、「専業主婦（15〜44歳の職業なしの既婚者）」、「未婚男性（15〜44歳）」、「既婚男性（15〜44歳）」、「熟年（男女別・45〜59歳）」、「高年（男女別・60歳以上）」、といったセグメントで捉え、分析を行っています。主に年齢と職業の有無によるセグメントですが、これは旅行という商品が世代によって好みが違うこと、職業の有無によって旅行費用の掛け方に違いが出ること、などによるものです。また、女性の場合は結婚によってライフスタイルが変わるため、既婚・未婚の要素も加えています。

海外旅行のマーケット・セグメンテーション（例）

セグメント	定義
子供	15〜17歳の男女
男子学生	18歳以上の男子学生
女子学生	18歳以上の女子学生
未婚女性1	15〜29歳の未婚女性
未婚女性2	30〜44歳の未婚女性
有職主婦	15〜44歳の職業を持つ既婚女性
専業主婦	15〜44歳の職業なしの既婚女性
未婚男性	15〜44歳の未婚男性
既婚男性	15〜44歳の既婚男性
熟年女性	45〜59歳の女性
熟年男性	45〜59歳の男性
高年女性	60歳以上の女性
高年男性	60歳以上の男性

出典：『JTB Report 日本人海外旅行のすべて』JTB総合研究所

　しかし、旅行という商品は多くの場合、1人で出掛けることは少ないため、購入者1人が消費する一般の商品と違い、単独のセグメントだけではなく、「同行者」という要素が不可欠になります。たとえば19歳の旅美さんも、女の子同士の友達と行く旅行と、家族で行く旅行、彼と行く旅行では、行きたい場所も掛けられる費用も違ってきます。つまり、旅行商品のマーケティングを考える際のセグメンテーションには、「同行者の組み合わせ」という要素を考える必要があるのです。

Case Study 2

ターゲティング
JAL国内線　上級席をめぐるターゲットの迷走

　日本の国内線は、合併前の日本エアシステムが一部路線で3クラス制を導入していた時期があったものの、基本的には普通席とスーパーシートという2クラス制となっていました。

　しかし、1998年以降スカイマークエアラインズ、エア・ドゥ、スカイネットアジア航空等の新規参入航空会社が軒並み格安運賃を展開してきたことや、2000年2月の航空法の改正により、航空運賃が認可制から事前届出制に移行したことで、多種多様な運賃が導入され、それにより大手航空会社も実質の値下げ合戦が繰り広げられるようになりました。運賃を値下げしたら、その分搭乗率（ロードファクターL/F）を上げなければ採算が合わなくなってしまいますので、航空各社は以前にも増してL/Fを上げる努力をするようになりました。

　その際、普通席は満席になるのに、スーパーシートはやはり5,000～6,000円程度高いのでなかなか満席にならないことが多く、日本航空はスーパーシートを廃止、クラスJとしてリニューアルしました。このクラスJは追加料金1,000円とかなり低廉な設定で、ほとんどの割引運賃とも組み合わせて予約が可能となります。もとのスーパーシートよりもシートピッチも狭く、座席のゆったり感は劣りましたが、手の届く金額で普通席の窮屈な座席から開放されるということで、多くの顧客から支持を得、L/Fも好調に推移しました。当時「日経MJ」誌の2004年ヒット商品番付にも選ばれました。

　しかし、スーパーシートの特権であった専用カウンター、優先搭乗、機内食、優先手荷物引渡し、ラウンジ等のサービスが打ち切られたことや、今までは一部のエグゼクティブのための静寂な空間だったのに、クラスJになったことで、家族連れや若者も利用するようになって雰囲気も普通席と変わらないものになってしまったため、会社社長等のエグゼクティブ

たちはこぞって全日空のスーパーシートに流れてしまいました。

　そのような状況であったものの、日本航空としては好調に推移するクラスJが顧客の裾野を広げたとの認識から、エグゼクティブ層が全日空へ流れていることに対して特に対策は講じてはいませんでした。

　しばらくして、その影響が甚大であることが少しずつ判明してきたのです。クラスJ化によって逃したエグゼクティブ層というのは国際線もよく利用し、しかもファーストクラスを利用する層だというのがわかってきたのです。彼らは一旦全日空に流れてしまうと、マイレージの利便性等からも国内・国際すべて同じ航空会社で統一する傾向があります。そのため、クラスJになったことで、国際線のファーストクラスのお客様を逃すことにもなってしまったのです。

　全日空はこれを機に日本航空から流れてきたエグゼクティブ層のニーズをさらに満たすために、スーパーシートをより高級化、料金も多少値上げし、スーパーシートプレミアムとしてさらにサービスを充実させました（2008年4月からプレミアムクラスと改称）。

　あわてた日本航空は、取り急ぎ羽田＝伊丹便にファーストクラスを導入することを発表。8,000円の追加料金で全日空のスーパーシートプレミアムと競合できるサービスを取り入れました。

　しかし、3クラス制というのはどうしても効率が悪くなるので、あまり多くの路線に広げることはできないと思います。その中で日本航空はどのように全日空に流れたエグゼクティブ層を取り戻す戦略を展開していくのかが注目されます。

Case Study 3

ケーススタディ ❸ 宿泊のセグメンテーション

　宿泊施設にはどういったものがあるでしょうか。わが国固有の宿泊業態である「旅館」や、西洋から導入され、わが国でも大きく発展した「ホテル」、その他にもさまざまな種類の宿泊施設が存在しています。

　こうした宿泊施設を規定しているのが、「旅館業法」という法律です。同法では、旅館、ホテル、簡易宿所、下宿の4種類の営業形態が規定され、いずれの宿泊施設も、寝具を使用して人を宿泊させる営業をしています。

　ところが、同じホテルでも、都市部に立地しているホテルは、シティホテルと呼ばれる高級な施設もあれば、ビジネスホテルと呼ばれる廉価な施設も存在します。さらに、都市部ではない観光地などにはリゾートホテルというものもあるうえ、温泉ホテルという、ホテルなのか旅館なのか判別しにくいものまで存在しているのが現状です。

　加えて、本来は宿泊施設ではないインターネットカフェやマンガ喫茶までも、実際には宿泊に利用されることもあるようです。ただし、これらは寝具を使用していませんので、旅館業法の規定外ということになります。

　さて、このようにさまざまな種類が存在しているわが国の宿泊施設ですが、代表的なものはホテルと旅館ということになるでしょう。2013年の軒数はホテルが9,809軒で旅館が4万3,363軒となっており、各施設の客室を合計した総客室数は、ホテルが82万7,211室で旅館が73万5,271室となっています。簡易宿所は2万5,560軒ありますが、1軒あたりの客室数は旅館よりもずっと少ないため、客室総数ははるかに少ないと推定され、下宿にいたっては787軒しかありません。

　旅館はかつて、わが国の宿泊施設を代表する存在でした。軒数のピークは1980年で8万3,226軒、客室総数のピークは1987年で102万7,536室ありました。第2次世界大戦後、観光が大衆化するにつれて利用客も

増加し、それに合わせて旅館も増加していったことがうかがえます。

　この過程において、旅館を利用する消費者も細分化していきました。その各セグメントにおけるニーズやウォンツの違いに応じて、温泉旅館、温泉ホテル、都市型旅館、駅前旅館、割烹旅館といった、さまざまな旅館が誕生することになったのです。

　一方、こうした変化が現在進行中なのがホテルです。ホテルは戦後、右肩上がりに増加し続け、軒数こそ旅館や簡易宿所に及びませんが、客室総数は2009年に旅館を超えて、現在も増え続けています。明治時代にホテルが誕生してから第2次世界大戦後までは、ホテルは海外からの来訪客や国内の一部富裕層など、限られた顧客のみが利用していましたが、1964年に開催された東京オリンピックに向けて多くのホテルが開業し、その後も増え続けていく過程で、幅広い顧客層が利用するようになったのです。

　興味深いのは、今でもよく聞かれるシティホテルとビジネスホテルという表現です。これは、前者が比較的高価格帯であり、宴会場や多様なレストランやバーのような料飲サービス施設を取り揃える多機能ホテルであるのに対し、後者は比較的低価格帯であり、宴会場や料飲サービス施設はないか、あっても少数のものを指します。実際、業界団体も2つあり、それぞれこの2種類のホテルに対応しています。

　また、実際の事業展開においても、こうした方向性は色濃く感じられます。かつての東急電鉄系列のホテルは、「東急ホテル」と「東急イン」という2つのブランドで市場に対応していました。他にも、「第一ホテル」と「第一イン」、「ニューオータニ」と「ニューオータニイン」など、多くの例があげられます。

　しかし近年では、多様化する消費者のニーズやウォンツに合わせるため、さらに細分化して対応する方向性が見受けられます。事実、東急電鉄の系列も、「東急ホテル」と「東急イン」の他に、「エクセルホテル東急」、

Case Study 3 宿泊のセグメンテーション

「ホテル東急ビズフォート」といった新しいブランドを投入し、きめ細かく消費者に対応しようとしているようです(なお、東急インは東急REIホテルにリブランド中)。

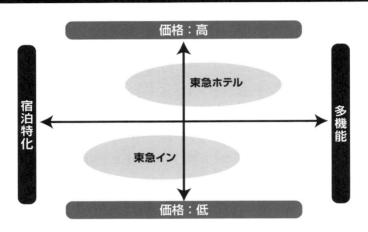

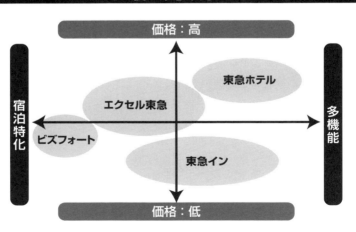

このような流れは、海外では以前から生じていました。1990年代にはすでに、ホテルを価格帯で、
- ●ラグジュアリー
- ●アップスケール
- ●ミッドプライス
- ●エコノミー
- ●バジェット

の5段階に分ける考え方が主流となっていたのです。「5つ星」といった表現はここからきています。

　ホテルという産業の成長途上においては、顧客側も、シンプルな2段階の分類で分けられている方が、施設選択において楽だったという側面もあるでしょう。しかし、利用経験が増加するにつれて、より自分のニーズやウォンツに合った施設を望むようになる顧客が増加し、企業側のマーケティングにおいても市場を細分化して対応する必要性が生じてきたことがうかがえます。

　なお、日本にはもっと極端な例も存在します。かつてわが国でも最大級のホテルチェーンだったプリンスホテルは、どの施設にも「地名＋プリンスホテル」という名称をつけていました。すなわち、単一ブランドでの市場対応です。これはきわめて珍しいケースであり、さすがに最近では、「ザ・プリンス」と「グランドプリンス」という2つの新ブランドを投入して対応するようになってきています。

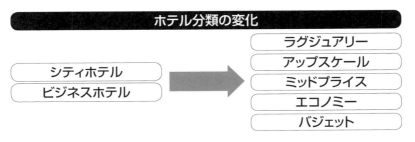

ホテル分類の変化

Case Study 4

ケーススタディ ④ 英国政府観光庁による「オールド・ミーツ・ニュー」戦略

　英国政府観光庁が実施したセグメンテーション戦略の実例として「Old meets New（オールド・ミーツ・ニュー）」が挙げられます。

　「オールド・ミーツ・ニュー」とは、「新しいものと古いものが表裏一体化した国」という意味です。「オールド」とは、イギリスの歴史的・文化的要素のことで、「ニュー」とは、イギリスの近代的・革新的な要素を表します。イギリスは、新しい側面と古い側面の両方を兼ね備えた国であることを観光宣伝するための戦略です。

　しかし、観光地としてイギリスを見た場合、開始した当時は皮肉にも「オールド」がイギリスの強みであり、「ニュー」に対する興味や関心が極めて低かったのです。「クールでモダンな国」を対外的に発信することがイギリスのブランディングの戦略だったことから、「オールド・ミーツ・ニュー」を実行する必要がありました。

　消費者の抱く国のイメージというものは、一朝一夕では変わりません。良くも悪くもいわゆるステレオタイプが幅をきかせます。英国政府観光庁は、この問題に果敢に取り組むため、長期的にじわじわと、新たなイギリスのイメージを市場に浸透させるための戦略を採用しました。「ニュー」を100％見せるのではなく、常に新旧両方の提案を行いました（次頁参照）。「赤い2階建てバスのダブルデッカーで市内観光もいいですが、世界最大級の観覧車ロンドン・アイからの空中散歩もいいですよ」、「伝統的なロースト・ビーフもいいですが、時にはモダン・ブリティッシュもいいですよ」、「貴族の館マナー・ハウスでの宿泊もいいですが、クールでスタイリッシュなデザイナーズ・ホテルもいいですよ」などと常に「オールド」と「ニュー」の両方の提案を行いました。

　マーケティングにおいて、すべての人の心に届くメッセージはありえません。すべての人に向けられたメッセージというものは、結局、誰の心に

も響かないものです。ですから、セグメンテーションはとても大切です。

「オールド」と「ニュー」の提案例

観光施設

オールド
- ロンドン塔
- ビッグベン
- 国会議事堂
- バッキンガム宮殿
- 大英博物館 等

ニュー
- ミレニアム・プロジェクト
  - ミレニアム・ドーム
  - ロンドン・アイ
  - ミレニアム・ブリッジ
  - テイト・モダン 等

飲食

オールド
- ロースト・ビーフ
- フィッシュ・アンド・チップス
- パブ
- スコッチウィスキー 等

ニュー
- モダン・ブリティッシュ
- スイーツ
- カクテル 等

宿泊施設

オールド
- マナー・ハウス
- カントリーハウス・ホテル 等

ニュー
- デザイナーズ・ホテル 等

体験

オールド
- 伝統・格式ある百貨店ハロッズ、フォートナム・メイソン等での買物
- アフタヌーンティーの体験

ニュー
- 大型アウトレットのビスタービレッジ等でのショッピング
- プレミアムリーグ観戦
- ミュージックイベントの参加

交通機関

オールド
- 地下鉄
- 赤い2階建てバス（ダブルデッカー）
- 黒いタクシー（キャブ）

ニュー
- ヒースロー・エキスプレス
- ドッグランド鉄道 等

Case Study 4 英国政府観光庁による「オールド・ミーツ・ニュー」戦略

　「オールド・ミーツ・ニュー」では、5大セグメントを設定しました。①海外旅行意欲の旺盛な60歳以上のアクティブ・シニア、②出張のついでに少しだけ観光を行う業務渡航者、③修学旅行で海外を訪問する高等学校、④首都圏・関西圏・中部圏に住むSINKS＆DINKS[1]、⑤卒業旅行を控えた大学生・専門学校生の5つです。それぞれのターゲット市場の潜在力を検証して、訪英の動機を探り、プロダクトを抽出し、アプローチ方法を考え、それぞれのセグメントに応じて「オールド」と「ニュー」の訴求割合を決定しました。

　アクティブ・シニアには、英国式庭園や世界遺産の観光施設など「オールド」を80％見せて、さりげなくミレニアム・ドームやロンドン・アイなど「ニュー」を20％見せる努力を行いました。修学旅行のセグメントに対しては「オールド」と「ニュー」を半々に、大学生・専門学校生には、近代建築物、ファッション、音楽、サッカー、モダン・ブリティッシュなど「ニュー」を80％提案しました。言うまでもなく、雑誌、新聞、テレビなど各種媒体においても可能な限りこのように露出をコントロールしていきました。

　いくらこうしたメッセージを発信しても、実際に「オールド」と「ニュー」が体験できるツアーが販売されていなければ絵に描いた餅にすぎません。消費者の受け皿として、大量送客を担う主要な旅行会社には、「オールド・ミーツ・ニュー」の参画を呼びかけ、商品の企画・販売をお願いしました。イギリスのツアーには、可能な限り最低1つのミレニアム・プロジェクトの観光施設を導入するよう依頼しました。ブリティッシュ・エアウェイズ、ヴァージンアトランティック航空といったイギリスの航空会社に限定するのではなく、日本の航空会社、イギリスへの経由便を持つ航空会社にも「オールド・ミーツ・ニュー」のプロモーションの協力をお願いしました。こうしたプロセスを経て、日本国内でも「オールド・ミーツ・ニュー」が浸透していったのです。

「オールド・ミーツ・ニュー」マーケティング・プラン概要

			OldとNewの訴求割合
ターゲットセグメント①	**アクティブ・シニア**		80:20
訪英動機	安全で良質な旅を満喫したい		
プロダクト	歴史的・近代的建築物、世界遺産、英国式庭園、アフタヌーンティー、ウォーキング		
ターゲットセグメント②	**業務渡航者**		70:30
訪英動機	出張のついでに観光も楽しみたい		
プロダクト	主要観光地、レストラン、パブ、ショッピング、紳士服、ビール、ウィスキー		
ターゲットセグメント③	**修学旅行**		50:50
訪英動機	本場の英語に触れたい		
プロダクト	学校交流、教科書で紹介されている観光施設		
ターゲットセグメント④	**Sinks & Dinks**		30:70
訪英動機	心にリフレッシュ、体にリラックス		
プロダクト	ロンドン、ミュージカル、レストラン、ワイン、街歩き、湖水地方、コッツウォルズ地方、スコットランド		
ターゲットセグメント⑤	**大学・専門学校生**		20:80
訪英動機	ロンドンで経済的に楽しみたい		
プロダクト	ロンドン、路地裏、音楽、雑貨、プレミアムリーグ		

1) SINKS（Single Inclome No Kids）：単身で子供がいない家族
　　DINKS（Double Income No Kids）：共働きで子供がいない家族

第4回 人はどのようなプロセスを経て商品を購入するのだろう？

Theme テーマ　購買意思決定プロセス、AIDMA、AISAS、AISCEAS

■ P・コトラーの「5段階の購買プロセスのモデル」

　モノを買う時、あなたはなぜその商品を欲しいと思ったのでしょうか？　こうした思考のプロセスがわかれば、マーケティング成功へ一歩近づくことになります。こうした商品の購買に至る一連の行動を説明する理論に、P・コトラーの「5段階の購買プロセスモデル」といわれるものがあり、次のような段階で説明できます。

❶ 問題意識	❷ 情報探索	❸ 情報評価（代替品評価）	❹ 購買決定	❺ 購買後評価
現実の状況と理想の状況との差を知覚して、それを解決しようと考える。	より良い商品を選ぶため、欲しい商品の情報を探索する。自分の持つ内部情報で足りなければ、友人や広告等から得る外部情報を求める。	得られた情報を基に具体的な商品、サービスの候補案を検討・評価する。	自分の情報評価に基づいて買う商品を決める。購入を決断する。	実際に保有・消費した商品に関し、満足・不満足の評価をする。

　満足であればリピート購買の可能性が増し、期待はずれであれば「もっと別の商品を選べばよかった」という感情が生まれます。こうした購買行動に対してもたらす不快な感情を認知的不協和といいます。

　この購買意思決定プロセスは、消費者が購買に至るまでの一連の心理状況と行動を表していますが、実際のマーケティングでは、消費者が商品を購入しなかった際に、どこに問題があったから売れなかったのか、

購買意思決定プロセス例／翼くんのケース

　マーケティングの授業で課題を出された翼くん、次の授業で発表することになりました。手書き資料では見づらいのでパソコンを使ってプレゼンテーション資料を作成してみることに。ところが、大学のパソコンルームはいつも満員、翼くんは「自分のパソコン買おうかなぁ」と考えました。これが**①問題意識の発生**です。

　「でも、パソコンを買うとしても、ノート型にしようか、それともデスクトップ型？　メーカーはどこのものがいいんだろう」と大学の帰りにパソコンショップへ立ち寄り、カタログをもらって帰りました。

　「ん～、どれも同じようなことが書いてあって比較しにくいなぁ。そうだ、明日、パソコンに詳しい宿彦先輩に聞いてみよう」。

　こうして、**②情報探索**を始めた翼くんは先輩のアドバイスもあって、だんだんと欲しいパソコンが絞れてきたようです。

　「このＡ社かＢ社のノート型にしようかな。早速、パソコンショップへ行ってお店の人の意見も聞いてみよう」と、**③情報評価（代替品評価）**することに。

　「店員さんも薦めてくれたし、やっぱり、このＡ社のノート型にしよう。ちょっと値段が高いけど頑張ってアルバイトして買うぞ」と**④購買決定**をしたようです。

　そして購入から１週間後、いよいよ授業での発表の日です。

　「今日は発表だし、カッコよくプレゼンしたいから、自分のパソコンを持っていこう」とパソコンを持って家を出た翼くん、意外と重いことに気がつきました。

　「ノート型だからもっと軽いと思っていたけど、やっぱりＢ社のパソコンの方が良かったかなぁ」という**⑤購買後評価**のようです。しかも、**認知的不協和**が生じてしまったとは。

を探るためにも使われています。

　73頁の翼くんのケースを見てみましょう。もし、翼くんが①問題意識でパソコンが思い浮かばないなら、パソコンがプレゼンテーションに役立つ、というプロモーション戦略に問題があったと考えられます。②情報探索でその商品が候補にあがってこないなら、カタログの配置や流通チャネルに問題があるのかもしれません。また、③情報評価（代替品評価）でその商品が候補にあがらないのなら、性能や価格に問題がある可能性があります。このように購買意思決定プロセスは、自社の商品を販売する際、プロモーション方法が問題なのか、販売ルートが問題なのか、商品の価格が高いのか、などの問題を探るポイントを示しています。

　しかし、商品は売ってしまえばよい、というものではありません。⑤購買後評価がとても重要です。一般的に消費者は、自分で買った商品は正しい選択をした、と思いたいために、認知的不協和を低減させる行動、つまり「購買前よりもその商品の広告に注目する」、「その商品が賞賛されている記事の載った雑誌を読む」などの行動を取るといわれています。それでも、期待したより性能が悪い、また、購入後のアフターケアが悪い、などで商品の評価を下げてしまうことがあります。

　こうした認知的不協和を減らすためには、サポート体制を強化し購買後の消費者とも密にコミュニケーションを取る、リピーター向けの特典を用意するなど、リレーションシップ・マーケティングが重要になります（第11回参照）。

■さまざまな購買行動プロセス理論

　購買決定の心理的プロセスを表す理論には、他にもAIDMA（アイドマ）、AISAS（アイサス）、AISCEAS（アイシーズ）などがあります。特にインターネットの普及とネットショッピングが増大するにつれ、人々の消費行動にも変化が現れ、AIDMAを元にAISASやAISCEASという考え方が生まれてきました。

AIDMA（アイドマ）

　AIDMAとは、Attention（注意）、Interest（興味）、Desire（欲求）、Memory（記憶連想）、Action（行動）の頭文字を取って名づけられたものです。この考え方では、人は広告や街で商品見かけて目に留まり、そこからさらに内容などに興味が引かれ、実際に欲しいと思うようになります。そしてお店の前を通った際に商品を思い出し、買ってみようと購買行動につながるのです。これがAIDMAの法則です。

AIDMAの事例／旅美さんの場合

　最近、少し体重が気になる旅美さん、いつものように電車で通学をしていると、車内に"忙しい現代人のカラダとココロをサポートする、カロリーゼロの新しいダイエットブレンド茶『ラブボディ ジャスミンスリム』"の吊広告が。

　「へぇ、ダイエットかぁ。でもダイエット飲料って高いのよね」と広告に近づいてみました。広告をよく見ると"450ml/147円"の文字が目に入りました。

　「いつものお茶と同じ値段なんだ」。電車を降りた旅美さんは、大学への途中にあるコンビニエンスストアでいつものように昼食と飲み物を買うことに。

　「このお店にもあの飲み物、あるのかなぁ」と、早速、探して『ラブボディ ジャスミンスリム』を買ってみることにしました。

　AIDMAで考えると、旅美さんの一連の行動は次のように説明ができます。

❶ Attention（注意）	❷ Interest（興味）	❸ Desire（欲求）	❹ Memory（記憶連想）	❺ Action（行動）
"ダイエット"の文字に引かれて広告を発見。	値段が気になる。	ダイエットに効くなら買ってみようと思う。	立ち寄ったコンビニエンスストアで商品を思い出す。	購入してみる。

AISAS（アイサス）[1]

　また、最近では、インターネットによる購買行動を意識した**AISAS**も提唱されるようになりました。AISASとは、購買に至る一連の行動を、Attention（注意）、Interest（興味）、Search（検索）、Action（行動）、Share（共有）として捉えるものです。AISASでは、AIDMAのMemory（記憶連想）にあたる「商品を吟味して検討する時間」が少なく、むしろインターネットなどを活用した商品に関する「情報のSearch（検索）」が購買行動に大きな影響を与えると考えています。興味を持った商品については、記憶しておくことなくすぐにインターネットで検索し、ネット上で購入してしまうことも多くなってきているのです。

　また、もう1つAISASで特徴的なのは、ブログなどを使った購買後の意見交換といった「情報や意見のShare（共有）」を重要な行動と考えていることで、これまでのように購買がゴールではないところにあります。つまり、商品の作り手である企業にとっては、これまで以上に購買後のお客様の評価を意識した商品を提供していかなければならないのです。

AISCEAS（アイシーズ）[2]

　インターネットが関連する購買行動に関しては、AISASをより詳しく説明したAISCEASという理論もあります。AISASのSearch（情報検索）とAction（行動）の間に2段階の行動が存在すると考えるもので、Search（情報検索）の次には、別のサイトで比較をしたり、別の商品と比較をするComparison（比較）、続く行動として、口コミ

サイトなどで購入者の評価を参考にして意思決定の補強・裏付けとするExamination（検討）が行われるとするものです。そして購入後にShare（共有）された情報は、当然ながら別の消費者にとってのSearch（情報検索）やExamination（検討）の際に大きな影響を及ぼすことになります。

インターネットの出現前でも、購買意思決定にあたって人々はAISASやAISCEASのような検討を行っていたのですが、周囲の人に聞く程度の行動では情報検索にも口コミにも限りがあり重要要素とは見なされていませんでした。ところが、インターネットを利用するようになったことで、情報検索や口コミの収集は飛躍的に多くの情報を得られるようになり、購買意思決定に大きな影響を及ぼすようになりました。

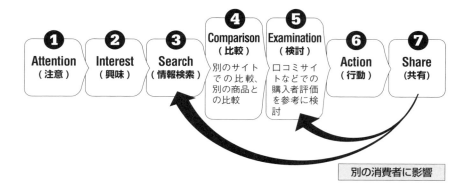

もちろん、実際の購買行動は必ずしもこうしたプロセスを辿るものばかりとは限りません。同じ飲み物を買う場合でも、おいしいから買う場合もありますし、なんとなくいつも買うからということもあります。また、オマケに惹かれて、ということもあるでしょう。けれども、これらの理論は、商品のプロモーションを考える際、どこに広告を出したら効果的か、どのタイミングで広告を出せば効果が最も出るかなど、私たちに1つの方向性を示してくれるのです。

インターネットショッピングにおける購買プロセス

AIDMA 一般的な商品の購入プロセス

AISAS ネット上での商品の購入プロセス

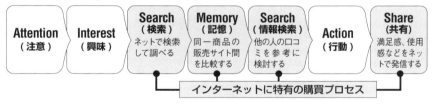

AISCEAS ネット上での商品の購入プロセス

出典：総務省 情報通信国際戦略局「ICTインフラの進展が国民のライフスタイルや社会環境等に及ぼした影響と相互関係に関する調査研究報告書」2011年、3月。

1) 電通が提唱（登録商標）
2) アンヴィコミュニケーションズが提唱

Case Study 1

ケーススタディ① 旅行の意思決定（AIDMAとAISCEAS）

AIDMAの法則
夏休みを目前にした旅美さんのケース

　夏休みを目前にした旅美さんは、ある日、街で友人と待ち合わせをしました。ＡＢＣ旅行社の前を通りかかると、色とりどりのパンフレットが並んでいるのが目に入ります。

　「もうすぐ夏休みだし、どこか行きたいなぁ。海外旅行って、いくらくらいで行けるんだろう」と、旅美さんは『旅のアウトレット』と書かれた1冊のパンフレットを手に取りました。

　「アウトレットなら安いのかな。アルバイト代で行けるなら、観子ちゃんと行こうかな」

　待ち合わせ場所で友人の観子さんに会うなり旅美さんは、

　「ねぇ、今度の夏休み、海外旅行に行かない？　この「グアム４日間」なら、アルバイト代だけで行けそうなんだけど」と早速、旅行の話を切り出します。

　「海外旅行？　いいわね。でも、もっと他のツアーも調べてみようよ。うちの近所のＸＹＺ旅行社にも『お得な商品』って書いてあるパンフレットがあったよ」との観子さんの提案で、お互いに安い海外旅行を調べてみることに。

　次の日、お互いにパンフレットを持ち寄った２人は、ツアー代金、ホテル、企画・運営する旅行会社名等を検討して、『旅のアウトレット』の「グアム４日間29,800円」を選択しました。

　「インターネットでも申し込めるみたいだけど、はじめての海外旅行でよくわからないから、旅行会社のカウンターに行ってみようよ」と申し込みに出掛けることになりました。

このケースで『旅のアウトレット』を企画したABC旅行会社の立場からマーケティングを考えてみましょう。

まず、**AIDMAの法則**で考えると、以下のようになります。

❶ Attention（注意）	❷ Interest（興味）	❸ Desire（欲求）	❹ Memory（記憶連想）	❺ Action（行動）
旅行会社に並んだパンフレットに目が留まる。	値段が気になる。"アウトレット"をうたっているので"旅のアウトレット"という商品は安いのではと考える。	アルバイト代で行けそうだから友人を誘ってみる。	観子が近所の旅行会社の"お得な商品"を思い出す。	検討の上申し込む。

実際のマーケティングで考えると、①Attention（注意）を引けるような場所にパンフレットやポスターが配置されているか、②Interest（興味）を引けるようなパンフレットデザインか、ネーミングはどうか、実際に③Desire（欲求）を起こせるような魅力ある日程か、価格か、また、実際にツアー選択の検討に入った際に自社商品を④Memory（記憶連想）してもらえるか、がポイントになりますが、旅美さんたちの例では、①〜③までがABC旅行社の成功例であることがわかります。また"お得な商品"が観子さんの記憶に残ったという点ではXYZ旅行社が④に成功していることになります。

Case Study 1 旅行の意思決定（AISCEASとAISCEAS）

AISCEASの法則
卒業旅行を検討する宿彦先輩のケース
インターネット出現後の購買プロセス

　ホテルに就職が内定した宿彦先輩は、残りの大学生活を充実させようと思案中です。
　「卒論ももう仕上がるし、バイトも楽しいけど、やっぱり今しか出来ないのは大学の仲間と何かすることだよね」
　そう考えた宿彦先輩は、大学最後の思い出づくりにゼミの仲間と卒業旅行に行くことにしました。そこでまず取った行動はインターネット検索です。海外には行きたいけどあまり予算もないので、Googleで「卒業旅行」、「最安値」と検索してみると、台北、ソウルなど近場の都市がヒットします。ゼミの仲間と相談して台北に行くことにした宿彦先輩は、実際に台北ツアーを旅行比較サイトで検討してみることにしました。
　「安いといえばABC旅行社かな？　でも、台湾ははじめてでよくわからないから『価格順』で検索してみるか」
　すると、ヒットしてきたツアーは宿彦先輩の知らない旅行会社ばかり。しかも、5,000件以上のツアーがヒットしました。
　「このツアー、安いけどホテルはどうなのかな？　旅行会社も知らない名前だけどどんな会社なんだろう？」
　そこで、ホテルと旅行会社について口コミサイトで検索してみると、まさに賛否両論。どれを選んでいいのかよくわからなくなってしまった宿彦先輩は、結局、価格の一番安いXYZ旅行社のツアーに申し込むことにしました。

宿彦

> 旅行を終えた宿彦先輩。「ホテルは値段の割にきれいでよかったけど、旅行会社の対応はちょっと不満だな。質問したい時の電話はなかなかつながらないし、飛行機の出発時間も間際まで決まらなかった」と口コミサイトに書き込むことにしました。

　このケースはAISCEASによる購買行動の例です。
　こうした卒業旅行のケースで重要となるのは、Search（情報検索）以降の行動への対応です。「大学生活最後に卒業旅行」や「仲間と楽しむために旅行する」という行動はすでに定番化しているため、認知段階で必要な旅行そのもののプロモーションにはそれほど力を入れなくて済むでしょう。しかし、比較検討段階の③Search（情報検索）、④Comparison（比較）、⑤Examination（検討）においては競争も熾烈で、現在は旅行会社のほとんどがWeb販売を行っているのに加え、OTA（オンライン・トラベル・エージェント）と呼ばれるインターネット販売専門の旅行会社、さらには旅行業登録のない単なる紹介サイトも加わり、旅行のネット販売はまさに群雄割拠の状態にあります（第5回ケース2参照）。
　こうした中でAISCEASをマーケティングに活かしていくには、③Search（情報検索）の段階でいかに検索ワードにヒットさせ、それに対応するネット広告を展開するかが重要になりますし、④Comparison（比較）においては、価格や内容はもちろんのこと旅行会社の知名度やイメージなどもポイントとなります。また、⑤Examination（検討）では口コミサイトやブログ、SNSといった個人が発信する情報の利用も飛躍的に増えており、商品企画やプロモーションにおいてはこれらを意識する必要があるほか、何らかの特典が付く、利便性があるなど、他社と比較した際の商品の優位性も重要になります。さらに、旅行商品の場合は⑦

Case Study 1　旅行の意思決定（AISCEASとAISCEAS）

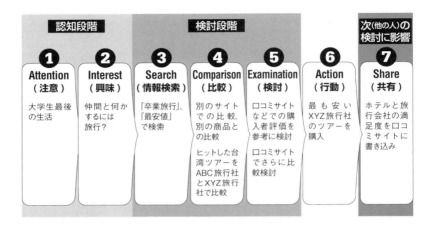

　Share（共有）を意識することも大変重要です。旅行は、その内容に満足でも不満でも、思い出話としてブログやSNSで発信する人が多く、また前述のように消費者も⑤Examination（検討）の段階で口コミを参考にする人が多いため、特に重視する必要があるのが⑦Share（共有）といえます。

　一方で、旅行商品の場合はモノの商品とは違った特異性があり、典型的なAISCEASでは把握しきれない行動も見られます。例えば、③Search（情報検索）においてはネット検索以外に旅行パンフレットの存在も大きく、ネット検索と旅行パンフレットを併用する人、情報検索や比較はパンフレットで行い検討だけネットで行う人など、ネットとリアル媒体との使い方は一様ではありません。

　また、④Comparison（比較）でも旅行商品はモノと異なり単純な比較が難しく、例えば、同じように見えるツアーでも、実際には利用ホテルや付帯サービスが違うなど全く同一条件ということはほとんどありません。しかし、こうした違いによって実際の旅行にどう違いが出るのかが

消費者にはわかりにくく、結局、価格で比較されやすいというのが現状といえます。旅行後の⑦Share（共有）についても、旅行は偶然性の要素も多く、同じホテルであっても部屋の違い、たまたま居合わせた宿泊客の違いなど、条件の組み合わせで大きく状況が異なってくるため、発信者の意見が良くても悪くても、その意見が単純に商品企画やプロモーションに反映できない場合もあります。

Case Study 2 海外ウェディング

　結婚式の様式のうち、海外で挙式を行うものを海外ウェディングと呼びます。宗教的な意味合いや現地の慣習でセレモニーを執り行うことは少なく、そのほとんどが法的効力を持たない「神様の祝福」を意味する「ブレッシング」としてのウェディングです。

　現在では、およそ10組のうち1組が海外ウェディングを選ぶといわれ、その割合はここ10〜15年、大きな変動もしておらず、一定層のカップルに選ばれています。

　海外ウェディングの場合、「どの国で挙式をするか」を最初に検討する必要があり、当然、そこが日本国内での挙式と大きく異なる点となります。ハワイやグアム、モルディブに代表されるビーチリゾートから、イタリア、フランスのような歴史の薫るエリア、バリ島やタイなどの緑豊かで神秘的な雰囲気の漂うアジアン・リゾートなど、世界中のすべてが挙式場所となりえます。

　そのため、希望する挙式スタイルや挙式会場の有無、距離や費用などといった諸条件以外にも、国や地域の文化や特徴、そして地理的に異なる雨季や乾季といった季節も考慮して、挙式エリアを絞り込む必要が生じてきます。

　特に、気候は大きなポイントになります。国ごとに「雨量が少なめで快適な気温である乾季」など、気候の安定した過ごしやすいベストシーズンがあり、その時期はウェディングに最適な時期となるからです。特に海外ウェディングの場合には、多くのカップルが挙式以外にフォトツアーと呼ばれる海外らしい絶景をバックにした写真撮影を重視し、実際に実施していることから、天気の状態は気になるところでしょう。

　しかし、オフシーズンであっても「観光地が混雑せず、移動がスムーズ」、「航空券や宿泊費などの旅費が比較的お得」などといったメリット

もあります。いずれにしても，エリア決定に際して挙式時期における季節は大事な検討材料の1つになってきます。

「海外＝お金がかかりそう」というイメージがつきまといますが、海外ウェディングの総額は平均およそ160万円と、国内での結婚式総額の平均およそ340万円の半分程度です。国内よりもゲスト人数が絞られることと、結婚式のメインが挙式なのか披露宴なのかが大きく差をつけるポイントになります。披露宴がメインとなる国内では、ゲスト人数分の料理や飲物、引出物などにお金がかかり、総額も大きくなりますが、海外ではゲストが限られているため挙式がメインとなり、式後はカジュアルなパーティや会食でもてなすのが一般的で、国内と比べて費用がかからない傾向にあります。

しかし、国内での結婚式ではゲストからのご祝儀を結婚式費用に充てられますが、海外の場合は渡航費をゲスト負担とする代わりにご祝儀をいただかないスタイルが多く、国内に比べると自己負担する割合は大きくなります。ゆえに、総額には差があっても、新郎新婦が負担する結婚式費用そのものは、海外も国内もさほど大きく変わらないと思われます。

一方、国内でのウェディングの場合、結婚式とは別にハネムーンにおよそ60〜70万円ほどかけていることを考慮すると、ハネムーンを兼ねて挙式を行う海外ウェディングのほうが総体的に費用はかからない、という見方もできるでしょう。

海外ウェディングを実施した理由で最も多いのは、

「海外挙式に以前から憧れていたから」、

「堅苦しい結婚式をしたくなかったから」、

「親孝行になるから」

と続きます。

芸能人をはじめとする著名人が海外で挙式をする姿や、外国映画・ドラマで描かれる青い海、青い空などの自然や、歴史的建造物でセレモ

Case Study 2　海外ウェディング

ニーを行うシーンに憧れを抱く女性は少なくありません。また、多くの人が抱く、幼少時代のお姫様願望とドレス姿を重ね合わせるかもしれません。インターネットや雑誌などで海外ウェディングの情報が容易に取得できる現代において、単なる憧れから自分たちにも手の届くものとして、普通に選択肢にあがるようになってきました。

　また、国内での結婚式・披露宴パーティに幾度か列席するうちに、海外ウェディングに決めた、という声もよく聞きます。フォーマルでお披露目要素が強く、比較的似た進行で執り行われる結婚式よりも、ゲスト数は限られてもゲストと新郎新婦が近い、アットホームな雰囲気を求める人もいるということでしょう。

　海外ウェディングは「旅行」の要素が強いため、親を海外に連れて行ってあげたい、と選択する人も多いようです。一方、「これまでお世話になったのに、親を末席に座らせるのは嫌」という声もあります。確かに、海外では新郎新婦をはじめ親も同じテーブルにつく形式でのパーティを行う人も少なくありません。親子関係が親密であるとともに、結婚が2人のものから親を含めた家族のものであるというとらえ方をするカップルが増えているのでしょう。また、最近では、親世代に海外渡航経験があり、親から海外ウェディングを勧められたというケースもよくあるようです。

　他にも、費用面でのお得さやハネムーンを兼ねられる、といった効率性も選ばれる理由の上位に位置しています。憧れだけではなく、さまざまな要件を比較検討し、堅実に結婚式のスタイルを選択するカップルの様子がうかがえます。

　結婚にかかわるビジネスは、新郎新婦の一生に一度の大きな買い物を提供することになります。新郎新婦は、その買い物をするにあたって深く吟味し、間違いのない買い物をするべく努めます。一般に、購買意思決定にあまり影響を及ぼさないとされている雑誌媒体が、結婚関連のビジ

ネスでは根強く支持されている理由もそこにあります。

　一方で、海外ウェディングはある意味、冒険的な購買行動でもあります。その購買意思決定に至るプロセスには、購買意思決定者に与えられた大きな印象が重要な役割を果たすことを忘れてはいけません。

※本ケーススタディは、徳江順一郎編著『ブライダル・ホスピタリティ・マネジメント』創成社. 所収の第6章「海外への展開」（森下恵子著）を一部改変のうえ転載しました。

第5回
旅行商品がたどる
お客様に届くまでの複雑な旅

Theme
テーマ

旅行商品
流通チャネル（開放型チャネル・選択型チャネル、ダイレクト・マーケティング）

　パッケージツアーには、その販売方法によって大きく2つのタイプがあります。1つはツアーの企画・運営を専門に扱う**ホールセラー**[1]が旅行商品を作り、全国の販売店舗を通じて販売を行う**ホールセール商品**[2]、もう1つは、ツアーを企画した旅行会社がインターネットや新聞広告などを使って直接販売を行う**ダイレクトセール商品**[3]です。これらの違いについては、この回のケーススタディ①「流通チャネル　パッケージツアーの流通」で説明しましょう。

　ところで、この回のテーマである**流通チャネル**ですが、通常、メーカーと消費者との間をつなぐ経路をいい、製品が生産者から消費者に届くまでに関わる流通・販売業者のことをいいます。自社の商品をどのような流通チャネルで販売するかは、販売コストや流通の速度、消費者の利便性、情報収集機能など、さまざまな点で企業にとって重要な選択です。これを海外パッケージツアーを例にとって考えると、メーカーに当たるのが、ホールセラー、ダイレクトセラー[4]、ディストリビューター[5]の3つの旅行会社です。サプライヤーと呼ばれる鉄道会社やホテル、航空会社などは旅行素材の提供者であり、商品（この場合は旅行）の生産者には当たりません。

　また、旅行商品の造成と流通は大変複雑で、ホテルや航空座席といった旅行素材がパッケージツアーとなって旅行者に届くまでには、さまざまな流通のパターンがあります。

　代表的なものには、ツアーの企画・運営を専門に行うホールセラーや

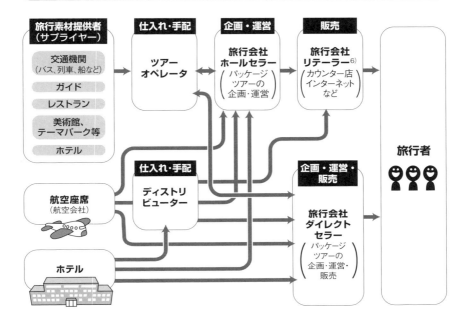

ダイレクトセラーがツアーの内容を企画し、そのうち、航空座席については航空会社から直接仕入れを、ホテルやレストラン、バスなどその他の旅行素材については地上手配を専門とするツアーオペレータを通して仕入れを行う方法があります。この場合、ツアーオペレータは企画の旅行会社の依頼や指示に従って、ホテルやバスなどの仕入れや手配を行います。

もう1つのパターンは、航空座席やホテルの卸問屋が存在するケースです。中小旅行会社がツアーの企画・運営を行う場合、取扱人数が少なく単独では仕入れに際する交渉力が弱いため、ホテルや航空座席については、ディストリビューターと呼ばれる卸会社が大量に仕入れ、ここから小さい単位で購入するのです。

このほかにも、ツアーオペレータを通さず、レストランやバスなども

旅行会社自身で仕入れをするケースや、レストラン、バスなどはツアーオペレータを通すものの、航空座席とホテルは旅行会社が仕入れをするケースなど、企業やツアー内容によりさまざまな流通のパターンが存在します。

また、**流通チャネル**は、A：流通・販売業者の幅（販売者の数）と、B：商品が消費者に届くまでの長さ（間に入る流通業者の数・段階）によって、いくつかに分類することができます。

A：チャネルの幅とは、メーカーがどれだけ広く販売の代理店を展開するかを意味するもので、できるだけ多くの販売店を展開しようとする「開放型チャネル」、販売店を絞りブランドイメージを重視する「選択型チャネル」、さらに高級品を扱う際の「排他型チャネル」があります。

一方、B：流通チャネルの長さ（間に入る流通業者の数・段階）には、製品の生産者から消費者に届くまでの流通業者の数に応じて、「ゼロ段階チャネル」から「３段階チャネル」まで４つの分類があります。

このうち、「ゼロ段階チャネル」に当たるのが**ダイレクトセール（直販）**で、製品の生産者が流通・販売業者を通さず直接消費者に販売する方法です。中でも、ダイレクトメールやカタログ、TV、ウェブサイトなどを通して消費者に直接販売するものを**ダイレクト・マーケティング**といい、消費者は電話やFAX、インターネットなどで商品を購入します。**ダイレクト・マーケティング**には、消費者の属性に合わせたプロモーションができる、選別したターゲットに効率的に到達できる、プロモーション効果の測定がしやすいなどの利点がありますが、反面、しつこいダイレクトメールや勧誘といったイメージも生まれやすい欠点もあります。旅行商品では、「クラブツーリズム」や「トラピックス」などがこれに当たります。

Ａ：チャネルの幅（販売者の数）から見た分類

開放型チャネル

出来るだけ多くの流通・販売業者に製品の販売を委託し、多様なターゲットに対して数多くの製品を展開していく方法。流通・販売業者数が多いため、消費者にとっては商品やサービスを受け取れる場所も多く、買い求めやすいのが特徴。一般的には食料品、日用品など最寄品[7]の販売で選択される流通チャネル。旅行商品では、『ルックJTB』や『ジャルパック』といった**ホールセール商品**がこれに当たる。

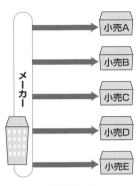

旅行商品では
ホールセール商品
がこれにあたる

選択型チャネル

少数の流通・販売業者を選択し、ターゲットを絞り込んで製品を展開していく方法。消費者にとっては"ここでしか買えない"、"専門店"といったブランド・イメージの向上につながる。一般的には比較的価格の高い買回り品[8]やブランド品などの販売で選択される流通チャネル。旅行商品では、海外ウエディングやクルーズなどの高額商品がこれに当たり、大手旅行会社ではこれらの専門支店を設けているところもある。

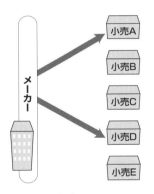

旅行商品では
クルーズや海外ウェディング
がこれにあたる

排他型チャネル

特定の流通・販売業者を選択し、そこでしか販売を行わない方法。一般的には、自動車や高級時計、高級化粧品などで選択される流通チャネル。正規販売店・代理店ともいう。旅行商品では今のところこれに当たるものはない。

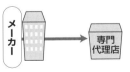

旅行商品では該当例はない

B：チャネルの長さから見た分類

流通チャネルの階層（一般的な流通）

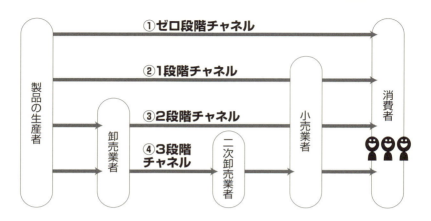

旅行商品の流通チャネルの階層（パッケージツアーの場合）

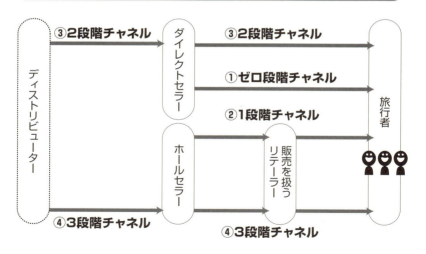

＊旅行商品の場合は通常①、②が多い。ツアーの造成に際しホテルや航空座席をディストリビューターから仕入れた場合のみ③、④となる。なお、パッケージツアーの場合、ホテルや航空座席などは一般製品の原材料にあたる。

1）第5回ケーススタディ①参照。
2）第5回ケーススタディ①参照。
3）第5回ケーススタディ①参照。
4）ダイレクトセール商品を企画・運営・販売する旅行会社。
5）航空座席やホテルなど旅行素材の卸売業者。主に海外旅行の素材を扱う。第5回ケーススタディ①参照。
6）一般には小売店、販売店をいう。旅行会社の場合はパッケージツアーの販売や手配旅行など、主に販売を取り扱う旅行会社をいう。
7）購入頻度が高く、手軽に速やかに購入したい商品。食料品や日用雑貨品などがこれにあたる。
8）品質やスタイル、好みなどをじっくり比較検討して購入する商品。衣料品、家電製品、家具などがこれにあたる。

Case Study 1

ケーススタディ ❶ 流通チャネル
パッケージツアーの流通

　流通チャネルの選択について、パッケージツアーのケースをもう少し説明しましょう。パッケージツアーには、販売方法によって大きくホールセール商品とダイレクトセール商品の2つのタイプがあることは本文で述べました。

■ホールセール商品の流通

　まず、ホールセール商品とは、ツアーの企画・運営を専門に扱うホールセラーと呼ばれる旅行会社がツアーを作り、リテーラーと呼ばれる全国の旅行会社を通じて一般旅行者に販売するものです。販売に当たってはリテーラーと受託・委託契約を結び、販売に応じて手数料(コミッション)を支払います。ホールセラーはパッケージツアーの工場であり卸問屋でもあるため、原則的に一般旅行者との直接取引は行いません。旅行者に商品を認知してもらうのは、旅行会社店頭に置かれたパンフレットやポスターで、店頭販売が基本です。

　ホールセール商品の長所は、①自社店舗を持たずに全国規模で対面販売が出来る、②店頭での対面販売のため旅行者の信頼が得やすい、③ブランド・イメージが確立しやすい、④以上の理由から全国規模の集客が可能でありスケールメリット[1]が出やすい、などがあげられます。反面、短所としては①全国規模の店頭販売のためパンフレットや販売マニュアル制作に膨大なコストが掛かる、②ブランドの信頼を保持するため"安かろう、悪かろう"の商品は企画できない、③旅行者と直接コミュニケーションが取りにくく購買時の意思決定などの情報を得るのが難しい、といった点があります。

　こうしたホールセール商品には、海外旅行の「ルックJTB」や「ジャルパック」、国内旅行の「エース」(JTB)、「メイト」(近畿日本ツーリスト)などがありますが、すべてナショナル・ブランド[2]であり、その旅行会社を代表する

企業ブランドにもなっています。

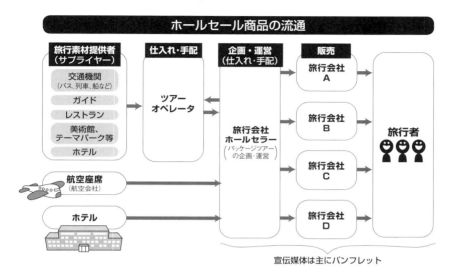

■ダイレクトセール商品の流通

　一方、ダイレクトセール商品は、ツアーを企画した旅行会社自身がインターネットや新聞広告、旅行者に直接送付するパンフレットなどを使って直接販売を行うもので、旅行者は電話やファックス、インターネットなどを利用して旅行の申し込みをします。新聞の夕刊でよく見かけるツアーの広告はほとんどがダイレクトセール商品で、新聞や雑誌の広告を使って募集をすることからメディア商品とも呼ばれています。また、ツアーに参加したり、パンフレットを請求したお客様はその情報がデータベース化され、定期的に会報誌やパンフレットが送付されます。

　ダイレクトセール商品の長所としては、①リテーラーに支払う販売手数料が不要、②参加者や資料請求者の情報が得やすくすぐに企画に反映できる、③販売店舗がなくても全国に販売できる、④企画から商品発表までに時間が掛からない、などがあります。しかし、短所としては、①広

Case Study 1 パッケージツアーの流通

告費用が掛かる、②他社商品と比較されやすく価格競争になりやすい、③電話やネットでの申し込みは手軽な反面、信頼が得にくい、④定期的なダイレクトメールはしつこい勧誘と受け取られる可能性がある、などがあげられます。

　ダイレクトセール商品には、「クラブツーリズム」、「トラピックス」（阪急交通社）、「旅物語」（JTB）などがあり、いずれも国内・海外旅行のツアーを扱っています。

　ところで、「**ディストリビューター**とかツアーオペレータって何？」と思った方も多いでしょう。海外旅行が商品として出来上がる過程は大変複雑で、さまざまな会社が関係します。ディストリビューターとは航空座席とホテルを扱う卸問屋のような存在で、扱う旅行者数の規模が小さく自社だけでは航空会社やホテルと価格交渉力のない中小の旅行会社に航空座席やホテルを販売します。また、ツアーオペレータは地上手配会社のことで、ツアーを企画する旅行会社から依頼を受けて現地のバスやレストラン、ガイド、ホテルなどを手配します。どちらも旅行会社との取

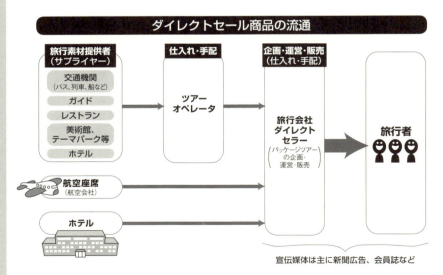

引が原則で一般消費者には直接販売をしないので、知らない方も多いでしょう。一般的には流通過程に業者が増えればコストが高くつく場合が多いのですが、このディストリビューターといういわば卸問屋が、集客の少ない中小旅行会社に代わって航空会社やホテルと価格の交渉をし、それを分配（ディストリビュート）するのです。

　旅行会社とサプライヤーとの取引は、すべてが同じ条件ではなく、旅行会社によって得意な地域とか、協力体制が強い航空会社やホテルなど、さまざまな得意分野があり、商品の価格や内容にも差が出ます。この得意分野をどう活かしていくかが、競争市場戦略の基本方針の決定にもつながるのです。

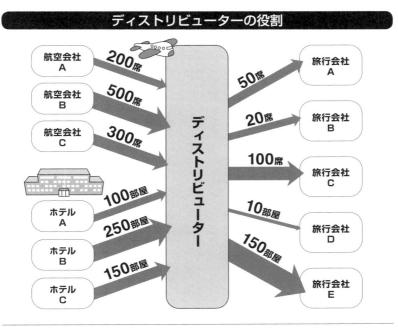

ディストリビューターの役割

1）第6回参照。
2）生産者が製造・保有・管理するブランド。一方、流通業者が保有・管理するブランドをプライベート・ブランドという。

Case Study 2

旅行業の流通の変化
OTA（オンライン・トラベル・エージェント）の出現

インターネットの出現でさまざまな業界に流通変化が起きていますが、旅行業も例外ではありません。モノの移動がない旅行業でいう流通とは、交通や宿泊が実際に旅行者に利用されるまでに誰がどんな価値を付加するのか、その過程と考えられます。

旅行商品には大きく企画旅行と手配旅行があり[1]、従来、企画旅行はいわゆるサプライヤー（交通機関、宿泊施設など）から旅行素材を仕入れた旅行会社が、それらをパッケージツアーや団体旅行に仕立て旅行者へ販売する、また手配旅行の場合は旅行会社が販売手数料（コミッション）をサプライヤーから収受し旅行素材を旅行者へ販売する、という形式が一般的でした。

企画旅行のうち、パッケージツアー（募集型企画旅行）の流通については、ホールセラーが企画運営し、リテーラーがそれを売るホールセールの形態と、企画運営と販売を同じ旅行会社が行うダイレクトセールの形態があり、一方、修学旅行や職場旅行などの団体旅行（受注型企画旅行）については、学校や企業などから依頼された内容を企画し旅行素材の手配を行って実施するのが一般的でした。これまでもサプライヤーによる旅行

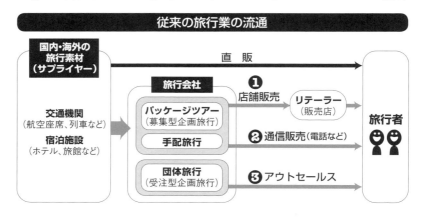

従来の旅行業の流通

者への直販はありましたが、店頭や電話といった手段で行われていたため、それほど多くはありませんでした。

　しかし、インターネットが出現し誰もが日常的にこれを利用するようになると、旅行においてもネット販売が増加し、従来の形態に加え、ネット販売専門の業者が新たに出現するなど業態も複雑化してきました。

　中でも、大きく変化したのが、交通や宿泊のみを扱う手配旅行やスケルトン型パッケージツアーの流通です。ツアーの内容が複雑で比較しにくいフルパッケージではなく、単純に価格だけで比較できるものがネット販売で増加しているのです。しかし、ネット販売といっても一様ではありません。楽天トラベルのようにウェブサイトによるネット販売のみを行う旅行会社や、自身は旅行業登録をせず、各社の旅行を紹介しサプライヤーからの手数料や広告料でビジネスをする旅行情報サイト（場貸しサイト）を運営するヤフートラベルなどがあり、これらはOTA（オンライン・トラベル・エージェント）とも呼ばれています。

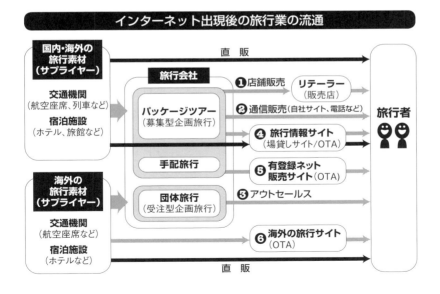

Case Study 2　旅行業の流通の変化

　もう少し詳しく説明しましょう。前頁図表内の①店舗販売の業態を取るのが、パッケージツアーを取り扱うホールセラーです。JTBワールドバケーションズ（ルックJTB）やジャルパックなどがこれに当たります。②通信販売にあたるのは、クラブツーリズムや阪急交通社（トラピックス）などのダイレクトセールを行う業態で、エイチ・アイ・エスのように自社の店舗販売と組み合わせて販売を行うところもあります。④旅行情報サイト（場貸しサイト）と呼ばれるのは、ヤフートラベルやトラベルコちゃんなどで、これを利用して販売する業態は宿泊施設や交通機関など旅行素材のサプライヤーに多いのですが、旅行会社がパッケージツアーの紹介で利用することもあります。

　旅行会社の場合は、①、②の業態を取りつつ④も利用する、といったようにいくつかの流通形態と組み合わせていることがほとんどです。⑤有登録ネット販売サイトの業態を取るのは、楽天トラベルや一休.comで、実際に取り扱うのは宿泊や他の旅行会社商品が多いのですが、自身も旅行業登録を行っている"旅行会社"のため、自社商品を作ることも可能です。

　④旅行情報サイト（場貸しサイト）と⑤有登録ネット販売サイトの違いがわかりにくいのですが、これは旅行業登録の有無にあります。④旅行情報サイト（場貸しサイト）は旅行業登録を持たないため紹介行為だけで自社の企画旅行はできず、自らは代金の収受もできません。一方、⑤有登録ネット販売サイトには登録があるため、第一種～第三種の登録規定に応じて自社商品を作ることができ、旅行代金の収受も可能です。

　また、近年では、⑥海外の旅行サイトも存在感を増しています。④旅行情報サイト（場貸しサイト）とは異なり旅行業登録を持っている場合もありますが、海外の旅行業登録のため日本の法律の規制を受けません。エクスペディアなどがこの代表で、エクスペディアはシンガポールの旅行業登録でビジネスを行っています。海外サイトの中には、宿泊業者ではない個人の空き部屋などを宿泊施設として扱うAirbnbといったサイトも現

れ、話題となっていますが、個人と個人の橋渡しとして位置づけられているため、旅行業登録はありません。

　広義には、④旅行情報サイト（場貸しサイト）、⑤有登録ネット販売サイト、⑥海外の旅行サイトを含めてOTA（オンライン・トラベル・エージェント）と呼ばれています。

　また、大手旅行会社とOTAとの提携も進んでいます。国内最大の旅行会社JTBは、ヤフー、ソフトバンクとの共同出資により2000年にネット販売専門の「たびゲーター」を設立、2013年にはエクスペディアとも業務提携しJTBが扱う国内の旅館・ホテルなどをエクスペディアジャパンに提供するようになりました。このように、旅行業登録の有無や海外企業の参入、OTAと既存の旅行会社の提携関係などにより、旅行業の流通はますます複雑化しているのです。また、Airbnbのように旅行業の枠すら超えるものもあり、インターネットは旅行業そのものを大きく変化させています。

1）第1回ケーススタディ①参照。

Case Study 3

ケーススタディ ❸ CRSからGDSへ

　旅行会社で航空券の発券をお願いした経験はありませんか？　そのときに窓口のスタッフが使っていた端末がCRS（Computerized Reservation System）です。このCRSを利用すると、日本の国内線はもちろん、地球の裏側の都市をつなぐ路線でさえ、発着時間、空席状況がわかり、瞬時に予約・発券ができるのです。

　CRSは1963年にアメリカン航空がIBMと提携して、米国の軍事システムの技術を応用し座席の予約業務の電子化に成功したのが始まりです。このアメリカン航空のシステムはセイバーと名づけられました。主要航空会社はアメリカン航空にならって、単独または数社共同で予約システムを作り上げました。ユナイテッド航空はアポロ、デルタ航空はノースウエスト航空とTWAと共同でワールドスパンを立ち上げました。日本でも日本航空がジャルコム（アクセス）を立ち上げました。

　1970年にボーイング747（ジャンボジェット）が就航し、海外旅行が大衆化することで、航空座席の予約業務も航空会社だけで対応しきれなくなったことから、1976年にアメリカン航空はセイバーを旅行会社へと展開し、航空会社と旅行会社をつなぐ流通システムとして機能させることにしました。旅行会社としても、いちいち電話で航空会社の予約センターに空席状況を問い合わせて確認する手間が省けるため、こぞってCRSを導入することになりました。ここで、それぞれのCRSが旅行会社に対して売り込みをかけました。

　また、米国では1978年に規制緩和が行われ、航空業界に新規参入が相次ぎましたが、独自のCRSを持たない新規参入の航空会社は、それぞれのCRSの第一画面に表示してもらえないことで、旅行会社からの予約が入ってこず、競争に敗れて、倒産が相次ぎました。結果、CRSを持つ大手航空会社がさらに寡占化していくという状況を生んだため、米国政府は1984年

にCRSの排他的使用を禁止しました。CRSを持つ大手航空会社はCRS事業を手放し、以降CRS会社は独立して公平で中立的な流通システム会社として変貌を遂げることとなりました。CRS会社の収益構造は、旅行会社からの端末使用料、航空会社からの販売手数料で成り立ちます。多くの旅行会社に置いてもらうため、端末使用料は年々安く、その分航空会社からの販売手数料は高くなっていきました。

　1980年代後半から海外旅行はさらに大衆化され、旅行会社からCRS会社に対してさらに利便性の高い流通システム構築の要請が寄せられるようになりました。そこで、航空座席だけではなく、ホテル、レンタカー、鉄道等の旅行素材を世界規模で予約ができるようになりました。そのため、CRSはGDS（Global Distribution System）とも呼ばれるようになりました。

　その後、LCC（Low Cost Carrier）と呼ばれる格安航空会社が世界の空を席巻することになります。インターネットの普及で、特別な予約システムを持たなくても航空便の予約はできるようになりました。そのため、LCCはできるだけコストを下げることを至上命題としているわけですから、CRS会社に払う販売手数料をカットして、自社サイトで直接旅客とつながることにより、予約・発券を行うことができるようになったのです。

　これで、CRSは窮地に立ったかに思えましたが、やはり国際線だと複数空港を乗り継いで行く旅程も少なくないため、そのような航空会社をまたいだ複雑な予約となるとやはり既存CRSに一日の長があります。また、自社ウェブサイトだけでは販売力に劣るLCCの中にはCRSに参加するところも出てきました。

　そのため、CRS業界は、システムの連携を構築しながら、航空会社のグローバルアライアンスとは異なる枠組みで世界的に再編が行われ、アマデウス（欧州系）、セイバー（AA）、トラベルポート（ガリレオ（UA）＋ワールドスパン（DL））の大手3社程度に収れんしていきつつあるのが現状です。

第6回 マーケティングで価格戦略を策定する

Theme テーマ
コスト・リーダーシップ戦略
スケールメリット(規模の経済)、価格決定、マーケット・シェア
競争市場戦略(リーダー、チャレンジャー、ニッチャー、フォロワー)

　企業が市場で勝ち残っていくためには、競合他社よりも消費者に対してより多くの価値を提供して自社の優位性を保つ必要があります。こうした他社に対して競争優位性を発揮し市場で勝ち残っていく戦略を**競争戦略**といい、具体的にはM・E・ポーター[1]が提唱する3つの基本戦略があります。

M・E・ポーターの競争優位の基本戦略

コスト・リーダーシップ戦略	低コスト・低価格という価値を消費者に提供することでマーケット・シェアを高めていく戦略。スケールメリットの追求や経験曲線効果[2]などがある。
差別化戦略	他社とは違う製品やサービスでマーケット・シェアを高めていく戦略。差別化の対象となるのは製品の質やデザイン、サービスの内容、販売チャネル、ブランドイメージなどがある。
集中戦略	特定の狭い市場にターゲットを絞り集中的に価値を提供する戦略。低コスト・低価格を集中的に展開するコスト集中戦略と、他社と違う製品やサービスを集中的に展開する差別化集中戦略がある。

　つまり、自社(またはその製品)はどんな価値にこだわって、どんなターゲットに対し他社よりも優位なポジションを作り上げ、それを保っていくかの戦略を立てることが重要だということです。
　このうち、この回では、コスト・リーダーシップ戦略についてもう少し説明しましょう。コスト・リーダーシップ戦略を取るためには製品の原材料費、人件費、設備費など生産に掛かるコストを下げる必要がありますが、これを実

現できる方策の1つに**スケールメリット**（規模の経済）の追求があります。スケールメリットとは、生産量が増えるに従って生産コストが減少し、その結果、利益率が高まることをいいます。簡単に言えば原材料をたくさん買えば割安になり、1個あたりのコストも安くつくということです。たとえば、ABCホテルに対して1ヵ月間に1,000人を送客するA社と、50人を送客するB社では、同じ1部屋の料金でもA社の方が安く仕入れることが可能です。また、1人のスタッフが50人のお客様の旅行手配をするよりも100人分の手配を行った方が、お客様1人に対しての生産コストが安くつく、ということになります。

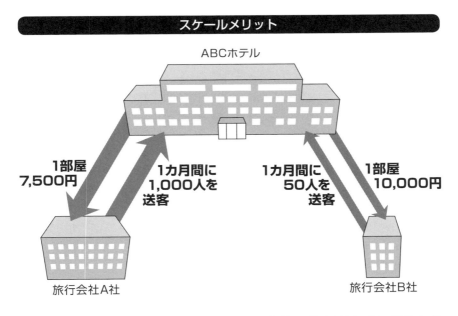

一般的に、商品の価格はこうした仕入れ価格や諸経費を元に利益を考慮して決められますが、競争の激しい現代の市場においては、値ごろ感など消費者心理を基準に原価を度外視して価格が決定されることもあります。価格の決定方法には大きく、製造原価を基準に決定する**コスト志向型価格決定**、顧客の視点を基準に決定する**需要志向型価格決定**、競合他社の製品価格を基準に決定する**競争志向型価格決定**があります。

価格決定の方法

分類	手法	説明
コスト志向型価格決定	コストプラス法	製造原価と諸経費（営業、流通経費など）に適正な利益を上乗せして決定する方法。
	マークアップ設定法	仕入原価に一定率（額）を上乗せして決定する方法。卸売、小売など製造を伴わない業態に多い。
	ターゲット価格設定法	事業規模を元に損益分岐点を計算し、一定の利益が維持できるよう価格を決定する方法。
需要志向型価格決定	知覚価格設定法	消費者がその製品に持つ値ごろ感を基に決定する方法。実地調査やアンケートなどでその価格を探る。
	需要価格設定法	消費者の需要度合いによって価格を変化させる方法。顧客層（学割）、時間帯（深夜、繁忙期・閑散期）、支払方法（現金割引）などによる変動がある。
競争志向型価格決定	実勢型価格設定法	競合他社とのつりあいや、業界の平均価格に合わせて設定する方法。
	入札型価格設定法	複数の競合企業が価格を出し、最も安い企業が販売権を得る方法。
	オークション型価格設定法	買い手が価格を提示し、最も高い価格をつけた買い手が購入権を得る方法。
その他	プロモーション価格政策	全体の売上増加を目的に、目玉商品として原価を割る激安価格を設定する方法。反対に、イメージアップのためにあえて高価格を設定することもある。

　では、企業が市場で勝ち残っていくために取るべきマーケティング戦略は何を基準に考えたらよいのでしょうか。競争市場戦略を策定する基準の1つにマーケット・シェアがあります。マーケット・シェアとは、その企業（または製品）が同じ業界や同様の製品市場の中でどの程度の売り上げや数を占めているかをいい、市場占有率ともいいます。一般的に企業はマーケット・シェアが高まるほど利益も大きくなります。

P・コトラーによれば、その業界で占めるマーケット・シェアの大小によってそれぞれ企業の取るべき戦略が異なるといいます。また、業界で占めるシェアの大小により次の4つに分類し、それぞれの取るべき戦略を提案しています。

競争市場戦略の4つの位置づけ

マーケット・リーダー（業界トップ）
トップ・シェアを持っており、その市場が拡大すると最も恩恵を受ける。資金力を活かした価格競争や、幅の広いニーズにも応えるためのさまざまな品種、価格帯、プロモーションが展開できる。大きな競争課題は、現在のマーケット・シェアを維持し更なる拡大を図ること、利潤を増大させること、高い名声を得てブランド力を高めることなどである。

マーケット・チャレンジャー（業界第2～3位）
第2～3位のシェアでリーダーになる可能性もある。差別化によってリーダーが進出していない市場などでトップを狙うことができる。大きな競争課題は、リーダーとの差別化を図りマーケット・シェアを拡大させることである。

マーケット・フォロワー（業界第3～5位）
リーダーに追随した製品開発や価格設定で既存顧客を維持する。得意とする市場を持っていることもある。大きな競争課題は、リーダーの商品を模倣することでリスクを避け利潤の増大を図ることである。

マーケット・ニッチャー（特定マーケットでトップ）
大手企業が本気で参入しないすきまのニッチ・マーケットを発掘し、そこに集中して、その市場では専門性やブランド力、マーケット・シェアを持っている。大きな競争課題は、特定の市場に集中しそのマーケットでトップ・シェアを確立することで信頼性や名声を獲得し利潤の増大を図ることである。

　観光業界を例に取ってこれにあてはめてみると、次の図のようになります。
　この中で、旅行業界の海外旅行マーケットを例にとると、**マーケット・リーダー**に当たるのは、やはりJTBグループでしょう。商品の品揃えは国内

観光業界における競争市場戦略

ポジション（マーケット・シェア）	基本的方針	競争課題	企業例
リーダー（業界トップ）	全方位型 コスト・リーダーシップ	マーケット・シェアの維持・拡大 利潤の増大 名声の獲得	旅行会社／海外旅行 　JTBグループ 航空会社 　全日空 ホテル 　マリオット＋スターウッド
チャレンジャー（業界第2〜3位）	リーダーとの差別化	マーケット・シェアの拡大	旅行会社／海外旅行 　H.I.S、クラブツーリズム 　阪急交通社、楽天トラベル 　その他OTA（オンライン・トラベル・エージェント） 航空会社 　スカイマーク ホテル 　ヒルトン、インターコンチネンタル 　ハイアット、アコー、ウィンダム
フォロワー（業界第3〜5位）	リーダーの模倣 リスク回避	利潤の増大	旅行会社／海外旅行 　近畿日本ツーリスト 　日本旅行、ジャルパック 航空会社 　日本航空 ホテル 　オークラ・ニッコー 　プリンスホテルズ＆リゾーツ 　その他多くのホテル企業
ニッチャー（特定マーケットでトップ）	製品や市場の特定化	利潤の増大 信頼性の獲得 名声の獲得	旅行会社／海外旅行 　ワールド航空サービス 　アルパインツアーサービス 航空会社 　スターフライヤー ホテル 　アマン、バンヤンツリー 　シックス・センシズ 　フォーシーズンズ、ペニンシュラ 　ジュメイラ・グループ 　APAホテル、東横イン

外を問わず、パッケージツアーからビジネストラベルまでを幅広く扱っていて、まさに全方位型といえますし、価格の面でもトップを走っていることが多いようです。しかし、いかにトップを走っている企業でも、トップなりの競争課題があります。マーケット・リーダーの課題としては、マーケット・シェアを

これまで以上に拡大するにはどうすべきか、利益率を上げるにはどうすべきか、また、利潤だけでなく社会的評価を得るには何をすべきか、を解決していくことなどがあげられます。

チャレンジャーには、格安航空券で差別化を図ったH.I.Sやダイレクト・マーケティングで成功したクラブツーリズムなどが相当します。ここでいうチャレンジャーとかフォロワーとは業界内でのポジションを指し、必ずしも実際の売上高や経常利益が業界で2～3位、3～5位には位置しない場合もあります。チャレンジャーは、商品や販売方法などでリーダーとは差別化したものを展開しており、H.I.Sでは格安航空券というこれまでリーダーが扱わなかった商品に力を入れることで、クラブツーリズムにおいてはダイレクト・マーケティングやクラブの組織で、それぞれ成功しました。

また、**フォロワー**はJTBと同様に幅広い層に向けた商品を展開する近畿日本ツーリストやジャルパック、日本旅行などが相当します。このポジションの企業はリーダー企業に比較的近い商品を展開し、あえてリスクを取った企画や販売方針は行いません。しかし、その分、堅実で着実な経営ともいえます。

ニッチャーには、熟高年を対象にした高品質のフルパッケージで成功したワールド航空サービスや、山岳ツアーに強みを持つアルパインツアーサービスなどがあげられるでしょう。ニッチャーとは、大企業があまり参入しないすき間的な市場（ニッチ・マーケット）で高いマーケット・シェアを持つ企業のことで、得意分野を持ち、そこに集中的に商品を展開していきます。ワールド航空サービスの場合は、熟高年を対象に、観光、食事、添乗員のすべてを含んだ質の高い高価格のパッケージツアーで成功しました。フリープランが好まれる時代に、あえてフルパッケージで挑んだというわけです。

---

1) 1947年生まれの米国の経営学者。代表著作に『競争優位の戦略』などがある。
2) 生産量の増加とともに製品1個あたりの単価が低下する傾向をいう。そもそもは自動車部品の生産工程などを参考にしたもので、コスト低下の理由には、作業員の習熟度の向上、工程の改善、工夫などがあるといわれている。

Case Study 1

ケーススタディ ① 旅行商品の価格戦略
パッケージツアーはなぜ安い?

　旅行商品の場合、価格戦略が必要なのは主にパッケージツアーです。受注型の団体旅行では、依頼者であるオーガナイザーと受注者である旅行会社との交渉により価格が決まりますし、手配旅行は原価＋取扱手数料でしか費用の収受ができません。本文で述べたように、価格設定の方法はさまざまですが、このうちパッケージツアーの価格設定でよく利用されるのは需要指向型で、航空運賃や列車の料金、宿泊料金には繁忙期と閑散期の価格差があるため、パッケージツアーの価格もこれに比例して増減し、「需要価格設定法」が用いられます。

　またどんな商品でもそうですが、いわゆる値ごろ感は重要で、例えば、温泉の1泊旅行なら1万円くらいとか、ハワイ旅行なら15万円くらい、といった大まかな予算のようなものを誰もが持っていますから、「知覚価格設定法」はパッケージツアーの価格戦略でも意識する必要があります。

　また、旅行商品にはパテントがなく、人気となったツアーは他社がすぐに同じ内容を商品にできるため差別化が難しく、そもそも価格競争に陥りやすい性質を持っています。実際に競争志向型の「実勢型価格設定法」はほとんどのツアーで用いられており、同じようなコンセプトで企画された競合他社のツアーとは必ず比較されます。例えば、「クラブツーリズム」の日帰りバスツアーは、同じく比較的年配層が参加をする日帰りツアーを企画する阪急交通社の「トラピックス」や読売旅行などが競合になります。

　パッケージツアーの場合、「プロモーション価格設定法」が取られることもあります。いわゆる"目玉商品"のことで、パンフレットやネット上で旅行者の目を引くように利益を度外視して価格が設定され、パンフレットの冒頭やウェブのトップページに掲載される商品です。単体では赤字覚悟の商品ですが、こうした赤字は広告費と考えるため、プロモーション価格と呼ばれます。航空会社やホテルなどと共同でキャンペーンとして行うこともあり、"○○航

空で行くハワイ5日間"、"○○ホテルに泊まる北海道3日間"といった形で商品化されているツアーはその代表例です。

■スケールメリット ──パッケージツアーはなぜ安い？──

先生、春休みに友達と北海道にスキーに行こうと思っていろいろ調べてみたのですが、往復の航空運賃よりもホテルの宿泊が付いたパッケージツアーの方が安いものが多いのはどうしてですか？

旅美

旅美さんが調べた北海道旅行の費用

パッケージツアー『お手軽スキー札幌2日間』の場合

2月27日(日)出発　2名1室利用
利用航空会社　スカイマークエアラインズ
利用ホテル：札幌東急REI
ツアー代金：19,800円　＊レンタルスキー1日無料券付

個人旅行（航空券＋宿泊料金）の場合

『スカイマークエアラインズ航空券』2月27日(日)出発
片道普通運賃：21,190円
最も安い正規割引運賃（SKYバーゲン45）：8,290円

『札幌東急REI(2名1室の場合、1泊1室あたりのホテルHP掲載料金)』
宿泊料金（ツインルーム）：10,200円

普通運賃＋宿泊料金の場合の合計　47,480円
航空運賃：21,190円×2(往復)＝42,380円
宿泊料金：10,200円÷2名＝5,100円

割引運賃＋宿泊料金の場合の合計　21,680円
航空運賃：8,290円×2(往復)＝16,580円
宿泊料金：10,200÷2名＝5,100円

Case Study 1　旅行商品の価格戦略

旅美

1泊2日のパッケージツアーの場合は19,800円でしょう。でも、正規の運賃と宿泊料金だと47,480円でその2倍以上しますよね。割引運賃とかホテルのプランを使っても21,680円で、パッケージツアーの方が1,880円も安いですよ。しかもレンタルスキーまで付いている。

先生

そうですね。正規運賃などとの比較はもとより、割引プランを使ってもパッケージツアーの方が価格が安い場合が多いですね。この大きな理由は先ほど勉強したスケールメリットの効果です。

　パッケージツアーというのは多くの場合、半期（4～9月、10～3月）とか四半期（4～6月、7～9月、10～12月、1～3月）を1サイクルに企画や仕入れをしますから、この期間に何人のお客様を集められるかが航空運賃や宿泊料金の基準になります。大きな旅行会社の場合は数千人～数万人の規模で集客が可能ですから、この数を基に航空会社やホテ

ルと料金交渉をするわけです。航空会社やホテルからすれば、一人一人の個人のお客様ももちろん大切ですが、半期で数千人〜数万人のお客様を自社だけで集めるのは大変ですから、個人用よりも割引率を上げてでもこの数のお客様は欲しいのです。たくさん仕入れれば単価が安くなる、というスケールメリットの効果ですね。でも、航空会社やホテルも人数だけで安くしているというわけではありません。航空会社であればお客様の少ない早朝便に限って安くするとか、ホテルであれば設備の古い旧館に限って安くするなど、売りにくい条件のものをパッケージツアーでさばいてもらうこともあります。

う〜ん、確かに安ければ早起きくらいしちゃうかも。でも、そうすると、たくさんお客様を集められる大手旅行会社しか安いパッケージツアーは作れないんですか？

旅美

先生

そんなことはありません。小さな旅行会社で1つ1つは数十人規模でしかお客様を集められなかったとしても、それらの小さな旅行会社を取りまとめる問屋さんがあれば、全体では数百〜数千人という大きな数になりますね。それが第5回ケーススタディ①で勉強したディストリビューターという旅行会社の存在です。

Case Study 2

ケーススタディ ❷ 航空会社の価格戦略
LCCってなんだ?

　世界の航空会社が会社更生法の適用をして再生を図ったり、国境を越えて合併したりして苦戦を強いられている中、LCCと呼ばれる格安航空会社が実績を伸ばして注目されています。米国のサウスウエスト航空を皮切りに、欧州ではアイルランドのライアンエアー、英国のイージージェット、アジアでもエアアジア、セブパシフィックなどといった航空会社が着実に実績を伸ばしています。

　LCCとは、Low Cost Carrierの略です。すなわち、これらの航空会社の格安運賃は徹底的なコスト削減により実現しています。それでは、従来

項　目	フルサービスキャリア	LCC
使用機材	大型機から小型機まで多様	小型機（B737、A320）単一
運航形態	ハブ・アンド・スポーク	二地点間直行
クラス	FCY 等	Yのみ
利用空港	ハブ空港	サブ空港
予約、発券	CRS 中心、旅行会社	自社コールセンターとウェブサイト
受託手荷物の接続	行う	自社便でさえ行わない　しかも手荷物の受託は有料
インターライン（他社便接続）	行う	行わない
座席指定	あり	なし または　有料で受け付け
機内エンターテイメント	映画、オーディオ、機内誌	なし
機内食・飲み物	無料（運賃に含まれている）	有料
機内清掃	清掃担当者が丁寧に	CAが簡潔に
乗務員の制服	有名デザイナーのもの	Tシャツ、ポロシャツ等
労使関係	対立的　ストライキがまれにある	対立的ではない

のフルサービスキャリアと一般的なLCCのビジネスモデルを見ていきましょう。

　まず、機内食、座席指定、上級クラス、オーディオ／ビデオ、機内誌、他社便接続、ラウンジといったサービスをすべて廃止、飲み物も有料としています。これらの航空会社が「ノーフリルエアライン」とも呼ばれているのは、人によっては使わない、こういったサービスを徹底的に削減して、ムダを省くところから来ています。機内清掃も簡素化して、高頻度で折り返し運航が可能となっています。これに関連して、大手航空会社はハブ空港を大型機で結び、そこから目的地へ小型機で向かうというハブ・アンド・スポークでネットワークを広げていますが、LCCは基本的に目的地まで直行便です。これは他社便接続を全く想定していないからできるのです。また、主要空港ではなく郊外の2次空港を利用することで、着陸料等の経費削減を行っています。

　さらに、大手航空会社（フルサービスキャリア）は国策で多くの種類の航空機を保有することを求められることが多いですが、これはパイロットや整備士など特定の機材しか扱えないところが大変非効率なため、機材をボーイング737やエアバスA320クラスの小型機で統一しています。また、インターネットの技術により、顧客に直接ネットまたは電話予約で直販するのが主です。販売手数料を取られてしまう旅行会社やGDS（CRS）を経由せずに販売しています（第5回ケーススタディ③参照）。

　日本でも2012年に新規航空会社が3社参入しましたが、エアアジアはわずか1年で撤退、体制を整えて再参入を目指していますが、順調なのは関西空港を拠点に展開しているピーチのみです。日本のマーケットでどのようにLCCが根付いていくか、今後の動向が注目されます。

Case Study 3

ケーススタディ ③ 宿泊の価格戦略

(1) 宿泊の価格戦略の前提

　宿泊産業には、ホスピタリティ産業全般にもいえる重要な特性があります。それは、キャパシティの上限が決まっているということ、そして売れ残ったスペースを在庫することができないということです。つまり、100室のホテルは、1晩に120室の客室を売ることはできません。また、ある晩に80室しか売れなかったからといって、売れ残った20室を翌日販売するということもできません。売れ残りは二度と取り戻せないのです。

　そのため、宿泊産業においては、可能な限り多くの客室を、可能な限り高い価格で販売するための方策が必要とされることになります。これを「レベニュー・マネジメント」といいますが、もとは航空業界で研究されてきた「イールド・マネジメント」を発展させたものです。確かに航空業界でも、上記の100室を100席と読み替えれば、同じことが生じると理解できるでしょう。そのため、航空会社は1席でも多く、1円でも高く座席を販売するために、需要を先読みして時期や曜日によって価格に差をつけたり、利用条件に差をつけるなど、さまざまな工夫を行ってきました。

　ただし、航空と宿泊とでは大きく異なる点が1つ存在します。それは、同じ飛行機の同じ座席を連続で利用するということはまずほとんどないのに対して、宿泊施設の場合にはありうるということです。つまり、「連泊」という2泊、3泊、それ以上の宿泊がかなりの割合で存在しているために、1便1席売り切りの航空とは異なる特性が生じてくることになります。

　結果として、航空業界ではイールド・マネジメントが広範に導入され、航空会社の収益向上に寄与してきたのに対して、宿泊産業においては、あまりレベニュー・マネジメントは活用されていません。とはいえ、活用すべくさまざまな試みがあるのも確かであり、ここではその一端を紹介します。

(2) RevPAR と ADR

まず、レベニュー・マネジメントを実践するためには、RevPARという概念と、ADRという概念について知っておく必要があります。一般にホテルでは、ラックレートと呼ばれる定価も設定されていますが、少しでも客室を埋めるために、値引きして販売されるのが通例です。

RevPAR（Revenue Per Available Room）とは、「期中の合計客室売上高」を「期中の総販売可能客室数」で割ったものです。

また、ADRとは、「期中の合計客室売上高」を（「期中の総販売可能客室数」×「期中の客室稼働率」）で割ったものです。これは、「期中の合計客室売上高」を「実売（実稼働）客室総数」で割ったものでもあり、RevPARを「客室稼働率」で割ったものでもあります。

まとめると、

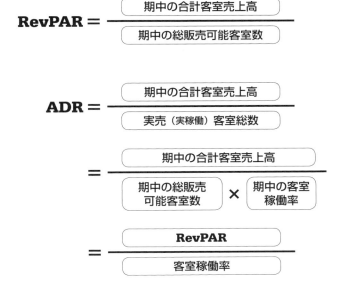

となります。

Case Study 3 　宿泊の価格戦略

　ここで、客室数10室のAホテルを想定してみましょう。このホテルには、以下の3種類の客室があります。

- **スタンダード** 　ラックレート 20,000 円 × 5 室
- **デラックス** 　ラックレート 30,000 円 × 3 室
- **スイート** 　ラックレート 50,000 円 × 2 室

この全室が定価で埋まった場合には、1日あたり、

$$20{,}000 \times 5室 + 30{,}000 \times 3室 + 50{,}000 \times 2室 = 290{,}000円$$

の売上になりますが、そのような日は滅多にありません。他の施設との競争上、あるいは需要が少ない日でも稼働率を上げるために、プロモーションを実施せざるをえなかったりするからです。そのため、実際には以下のようになってきます。

201X 年 X 月 1 日

- **スタンダード** 　10,000 円 × 1 室　15,000 円 × 2 室
- **デラックス** 　20,000 円 × 2 室
- **スイート** 　0 室

　　　　　　合計売上：80,000 円　　　合計販売室数：5 室

　この日は残念ながら需要があまり多くなく、スイートは1室も売れず、デラックスが1室、スタンダードが2室売れ残ってしまいました。それだけでなく、売れた客室もすべてラックレートからかなり値引きをしてやっと売れたということがうかがえます。

同年 X 月 2 日

- **スタンダード** 　12,000円×1室　17,000円×3室　18,000円×1室
- **デラックス** 　22,000円×2室　30,000円×1室
- **スイート** 　40,000円×1室

　　　　　　合計売上：195,000円　　　合計販売室数：9室

　この日は前日よりも需要が多かったようです。そのためにスイートも値引きはしましたが、1室販売することができ、デラックスは2室を値引き販売しま

したが、1室はラックレートで販売することができました。スタンダードも前日よりも値引き幅をおさえることができたようです。

同様にして、この月の売上と販売した客数をまとめると以下のようになりました。

月 日	売 上	室数
X月1日	80,000 円	5室
X月2日	195,000 円	9室
X月3日	142,000 円	8室
…	…	…
X月30日	123,000 円	7室
	合計売上：3,644,000円	合計販売室数：217室

結局、X月合計の売上は3,644,000円で合計販売室数は217室となり、その場合、

期中の総販売可能客室数 ▷ 10室 × 30日 = 300室
月間客室稼働率 ▷ 217室 ÷ 300室 ≒ 72.3%

となり、客室稼働率は72.3%でした。それなりの稼働率であるようにみえますが、もしも全室定価で売れたとした場合、

290,000円 × 30日 = 8,700,000円

となりますから、実売の3,644,000円はかなり低いように感じられます。

さて、この数字を使ってRevPARとADRを計算してみましょう。まずRevPARは、

$$\text{RevPAR} = \frac{\text{期中の合計客室売上高}}{\text{期中の総販売可能客室数}}$$

$$= 3,644,000 円 ÷ 300 室$$

$$≒ 12,146 円$$

となり、201X年X月は1室平均で12,146円の売上だったことがわかります。

Case Study 3 宿泊の価格戦略

一方、ADRは、

$$ADR = \frac{\text{期中の合計客室売上高}}{\text{実売（実稼働）客室総数}}$$

$= 3,644,000 \text{円} \div 217 \text{室}$
$\fallingdotseq 16,792 \text{円}$

と計算できますが、他にも

$$ADR = \frac{\text{期中の合計客室売上高}}{\text{期中の総販売可能客室数} \times \text{期中の客室稼働率}}$$

$= 3,644,000 \text{円} \div (300 \text{室} \times 72.3\%)$
$\fallingdotseq 16,792 \text{円}$

で出すことも可能ですし、

$$ADR = \frac{\text{RevPAR}}{\text{客室稼働率}}$$

$= 12,146 \text{円} \div 72.3\%$
$\fallingdotseq 16,792 \text{円}$

と計算することもできます。

(3) レベニュー・マネジメントの実際

　実務面では、さまざまな方策が試みられていますが、決定的といえるものは存在していないのが現状です。

　多くは、前年までの実績をもとにして、日付や曜日などの変数から予測して、客室タイプごとにさらに価格を複数付与します。そして、それぞれの価格に対して予想される販売可能室数を想定したうえで、当該価格の予約が満たされると順次値下げをして、予約を埋めていくというものです。

　いずれのホテルでもラックレートを設定しており、すべての客室をラックレートで販売できれば理想ですが、残念ながらなかなかそうはいきません。そこで値引きをして消費者を刺激することになりますが、前提となるのは「需要の

価格弾力性」の差異です。

　宿泊市場は多様なお客様によって構成されています。あるお客様は、値段が安かろうと多少高かろうと、特定の日に当該ホテルや旅館にどうしても泊まりたいと考えるかもしれませんが、別のお客様は、値段が安かったら泊まろうと考えるかもしれません。こうした相違を需要の価格弾力性といいます。

　ここに、客室数500室のBホテルがあるとします。Bホテルは、全客室がまったく同じ作りであり、景色の違いや客室の位置に関しても、ほとんど同じ条件とします。そのため、ラックレートは同一の価格が設定されています。そして、Bホテルでの宿泊に対する需要は、次の図のようであったとします。

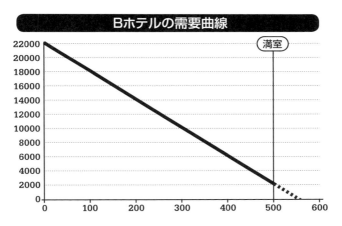

　この場合、全室2,000円で販売すれば500室全室が埋まり、稼働率は100%となりますが、その場合の売上は、

　　2,000円 × 500室 ＝ 1,000,000円　……ケース①

となります。一方、仮に全室18,000円で販売すると、100室しか埋まらず稼働率は20%にしかなりません。ただし、その場合の売上は、

　　18,000円 × 100室 ＝ 1,800,000円　……ケース②

となり、ケース①よりも売上は多くなります。これをグラフ上に表わすと、次の図のようになります。

Case Study 3 宿泊の価格戦略

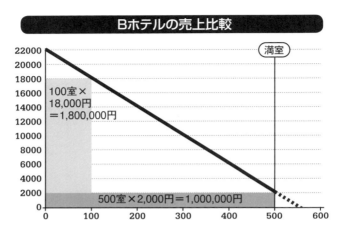

すなわち、グラフ上の四角形の面積が売上となります。

ここで、全室同一価格で販売するとなると、このグラフ上のどこに頂点を持つ四角形の面積が最大となるでしょうか。実は、四角形の面積の最大を求めれば、それがこのホテルの全客室を同一価格で販売した場合の最大の売上となるのです。

それでは、この売上金額を求めてみましょう。そのためにはまず、Bホテルの需要曲線の式を求める必要があります。なお、今回は理解しやすくするために直線にしていますが、曲線だとしても考え方は同じです。

この直線のy切片は22,000で、傾きは、

$(22{,}000 - 2{,}000) \div (0 - 500) = -40$

ですから、

$y = 22{,}000 - 40x$

となります。そうなると、四角形の面積は、

$xy = x(22{,}000 - 40x) = -40x^2 + 22{,}000x = -40(x^2 - 550x)$
$= -40(x - 275)^2 + 3{,}025{,}000$

となり、販売価格を11,000円にした場合、275室が売れ、その時の売上が3,025,000円となり、これが最大であることがわかります。

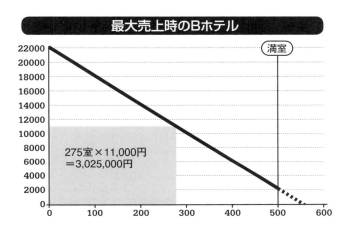

しかし、この時でさえ、500室−275室＝225室は売れ残ってしまっています。この部分をもっと有効に販売することはできないのでしょうか。

この前提を踏まえ、かつ、市場セグメントごとの需要の価格弾力性を利用して、同じ客室でも異なる価格で販売すると、次の図のような販売を志向することも可能です。

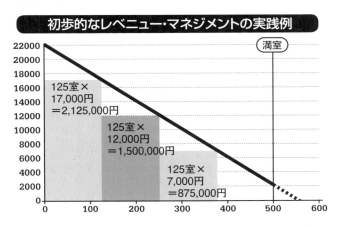

この例では、17,000円で125室を売り、12,000円で125室を売り、7,000円で125室を売り、合計375室が埋まり75％の稼働率となり、4,500,000

Case Study 3　宿泊の価格戦略

円の売上となっています。ただし、それでもまだ125室が売れ残っている点を見落としてはいけません。

この図の例からわかることは、可能な限り、台形の面積を埋めることが、売上の最大化につながるということです。次はどこまで細かく価格をわけるのがいいのかという議論になってきますが、連泊の処理のことなども考え合わせると、1つの客室タイプにそれほど多くの価格設定をするのは困難な面も生じます。この例のあたりが現実的な落としどころとなると思われますが、理想的には次のように、とことんまで細かくわけるということになるでしょう。

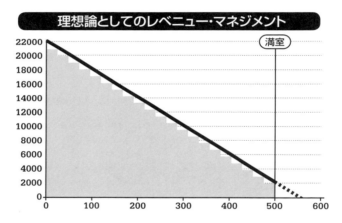

これを、客室タイプごとに行うことによって、売上の最大化を目指していくことになります。

(4) レベニュー・マネジメント導入上の注意点

宿泊産業にレベニュー・マネジメントを導入するための前提条件としては、以下の点が挙げられます。

● **キャパシティが比較的固定的である**
　キャパシティが変動してしまうとそもそも意味がない
● **在庫が消滅する**

在庫ができるということは、裁定の可能性が生じてしまう。
- ● **商品が事前に販売される**
事前の予約や販売によって、制約条件を課すことが可能でなければならない。ただし、宿泊産業ではこの点が少々弱い面もある。
- ● **需要が変動している**
季節や曜日・時間で、需要が変動していなければならない。
- ● **市場が細分化されている**
価格に対する敏感さの相違が見出せなければならない。

同様に、宿泊産業に導入する際のポイントは、以下の通りです。

- ● **複数日数の滞在**
冒頭でも述べた通り、航空会社とは異なり連泊があるため、その際の対応についても考慮する必要がある。
- ● **相乗効果への影響**
宿泊単体ではなく、料飲や宴会との相乗効果に関しては、レベニュー・マネジメントでは捨象されてしまう。
- ● **明確な料金構造の欠如**
特に旅館の場合には、そもそも明確な料金構造が欠如している場合もあり、基準点が見出しにくい側面がある。
- ● **情報未統合**
統合的にプロモーションをするための情報システムが未統合で、効果的な値引きを行えないことがある。

このような問題点を抱えつつ、わが国の宿泊産業界でもレベニュー・マネジメントは導入されてきています。これからは、この業界でもスタンダードとなることが見込まれています。

（※本ケースは、徳江順一郎編著『数字でとらえるホスピタリティ』産業能率大学出版部、第6章・第7章の一部を改変して転載）

第7回
敵を知り、己を知らば、百戦危うからず

Theme テーマ
マーケティング環境分析とはなにか理解する
SWOT（S:強み、W:弱み、O:機会、T:脅威）分析

ここまで、4回にわたってマーケティング的なものの考え方を紹介してきました。

なーんだ、マーケティングって結局はお客様の思いを知ればいいんでしょ、簡単じゃん。

旅美

先生

確かに外野席から見てると「お客様の声に耳を傾ける」って簡単そうですよね。
　でも、実際の現場を見てみると、その商品を開発して作り上げた人たちというのは、その商品がわが子のようにかわいいのです。思い入れがひときわ強いのです。そうでなければ商品の開発なんかはできないんですけどね。でも、やはり商品はお客様に購入してもらわなければいけない。そこで、マーケットの動向を開発の段階から開発者の心に届く形で伝え、修正を加えながらプロジェクトを進めていく必要がでてくるのです。

　実際のお客様のナマの声を聞く前に、マーケットの動向を知る有効なツールがあります。それが**SWOT分析**です。SWOT分析は自分たちを取り巻く環境がこれから自分たちにとって追い風になるのか、それとも逆風になるのか、そのような社会の変化を客観的にとらえ、自分たちの得意とする項目と不得意とする項目を整理したうえで、得意分野を活かし、不得意分野の影響を最小限に抑える戦略を立てるものです。

　SWOTとは、S（**強み**：Strength）W（**弱み**：Weakness）O（**機会**：Opportunity）T（**脅威**：Threat）の4つの頭文字をとったもので、普通、次の4つのマスで成るマトリクスを作ってそれぞれリストアップしていきます。

| Strength（強み） | Weakness（弱み） |
| Opportunity（機会） | Threat（脅威） |

「強み」「弱み」は文字通り、自社の得意とする分野、不得意とする分野だからわかるんだけど、「機会」「脅威」には何を書いたらいいかわからないわ。

　機会は【自社にとって追い風となるもの】、**脅威**は【自社にとって逆風となるもの】と言い換えれば、少しはイメージしやすいでしょう。そして**機会**も**脅威**も、政治状況とか、景気動向とか、国民性・県民性とかといった、それぞれ自分の努力ではどうすることも出来ない事項をリストアップします。努力しだいで結果が変わりうるものは**強み**、**弱み**に分類してください。

　実際の身近な例で見てみましょう。ここでは皆さんにとって一番身近な携帯電話、特にSoftbank Mobileを例にSWOT分析を行ってみました。

[Softbank Mobile]のSWOT分析

Strength（強み）
- 通話料金が安い
- 料金体系がシンプル
- ディズニーと独占契約

Weakness（弱み）
- 店舗における接客が雑
- 利用者が増えていない

Opportunity（機会）
- ナンバーポータビリティ制度
- 幅広い層が関心
- 景気回復と需要拡散
- ０円端末の見直し

Threat（脅威）
- 新規需要一巡
- 電磁波の人の体への影響
- 子供への規制が始まるかも？
- 独占契約だったiphoneは他社も参入

いかがですか。何となくどこに何が入るかわかってきましたか。

> **機会**、**脅威**って、要するに社会全体の動向と競合先の動向のことですか？

そうとらえてもらって間違いではありません。社会全体の動向は、

	（例）
①政治的動向	規制緩和が進まず、新規参入が限られる
②経済的動向	景気が回復し、内需拡大が見込まれる
③文化的動向	閉鎖的な県民性で新しいものに飛びつかない

以上の3点から見てみると整理しやすいと思います。

さらに、競合の動向も、

　　①業界内の他社動向

だけでなく、

　　②新規参入の脅威
　　③既存の代替品に顧客を奪われる脅威
　　④売り手（供給業者）の交渉力
　　⑤買い手（お客様）の交渉力

の5点から検討してみると整理しやすくなると思います。この5点を「業界構造を決定する**ファイブ・フォース・モデル**」といいますので覚えておいてください。これを見たらなんか周囲は敵ばかりのような気がしますね。でもビジネスの現場はそんなもんです。身内が最大の敵だったりしますから。

■SWOT分析から戦略を導き出す

ここで分析した4つのマトリクスから、自分たちが次にとるべき戦略を導き出すことができるのです。すなわち、

①**強み**と**機会**を照らし合わせて、より積極的な攻勢をかけることができるか

②**強み**と**脅威**を照らし合わせて、どのように**脅威**を回避し、他社との差別

化が図れるか

③**弱み**と**機会**を照らし合わせて、**機会**をつかみそこねることはないか、それを防ぐにはどのようにすればよいか

④**弱み**と**脅威**を照らし合わせて、いかにその逆境に足をつっこまずに逃げるか

　このような観点から、戦略を練っていけば、思いつきで場当たり的な戦略を排除することができるのです。皆さんも身近な例を使って、各自でSWOT分析と今後とるべき戦略を考えてみましょう。

■SWOT分析を人生に応用しよう

　この**SWOT分析**の手法は、みなさんが今後経験する就職活動のときにも使えます。就職活動が始まると大学の就職部やセミナーなどいろいろなところから、「自己分析をしなさい」と言われると思いますが、どうやったらいいかさっぱりわからないですよね。そこで、このSWOT分析を利用すると、ただ漫然と考えていたときには思いつかないような新しい視点が出てきます。

　SWOT分析はただ**内部環境**、**外部環境**をプラス、マイナスの２面から見ていくという極めて単純な分析手法なのですが、それくらい、人というのは主観的になる（自ら関わり渦中にどっぷり入ってしまう）と、自他のマイナス面というのは見えにくくなるということなのでしょう。

　「物事にはすべてプラスの面だけでなく、マイナスの面も必ずある」このことをいつも心にとどめておいてください。耳に聞こえのいいものは、必ずウラに悪いものが隠されている。それを見抜く目を養うために、知識をしっかりと身につけていきましょう。

Case Study 1

ケーススタディ ① 旅行会社のSWOT分析
ジェイ・ティー・ビーグループのケース

Strength（強み）
- 日本最大の取扱数
- 多様な旅行商品、販売ルート
- 歴史、知名度
- さまざまな業態を持つグループ企業

Weakness（弱み）
- FITへの対応に出遅れ
- "質はいいが高い"イメージ
- 固定費（人件費など）が高い

Opportunity（機会）
- 訪日外国人客の増加（国際的な交流人口の増加）
- 東京オリンピックの開催決定
- 観光インフラの充実（北陸新幹線、翻訳アプリ、Wi-Fi など）

Threat（脅威）
- 政情不安・感染症の流行・円安
- ライフスタイル・志向の多様化（旅行経験の二極化）
- インターネット販売の増加（直販、OTAの躍進）
- 新しいビジネスモデルの参入（Airbnbなど）
- 団体旅行の減少

■ 強み

　ジェイ・ティー・ビーグループ（以下JTB）の強みは何といっても、国内最大の取扱額です。2014年度（H26年4月〜H27年3月）のJTB15社の取扱総額は業界トップの1兆5,093億円で、2位のKNT-CTホールディングス9社の5,143億円を大きく引き離しています。旅行業において取扱額（数）の多さはそのまま仕入れ交渉力にもつながるため、やはり最大の強みになります。

また、総合旅行会社としてパッケージツアーの造成から団体旅行、業務渡航など多彩な商品展開をしているため、幅広いノウハウを持っているのも特長です。販売ルートも多様で、店舗販売、コールセンター販売、団体セールス、インターネット販売とあらゆる販売手段を持っており、さまざまなタイプの旅行者にアプローチできるのも強みの1つでしょう。

　知名度も高く、「2016年卒生が選ぶ本当に志望したい会社」では第3位にランクインしていることからも、大手企業として社会的な認知度が高いことがわかります。企業としての歴史も古く、前身である任意団体「ジャパン・ツーリスト・ビューロー」は1912（明治45）年の創業です。おそらく旅行会社のJTBを知らない日本人は少ないはずです。

　さらに、JTBはさまざまな業態を持つグループ企業でもあります。国内・海外のパッケージツアーや法人ビジネス、インバウンドを扱う旅行会社から、海外に拠点を持つ地上手配会社、果ては出版社や商社まで11の事業会社群、174社を有しています（2015年7月現在）。これは、それぞれの専門分野で独立しながら互いに連携し、あらゆる角度からの提案を可能とするシナジー効果が期待できることを意味しています。

■ 弱み

　それではJTBの弱みは何でしょうか。まず、FITへの対応に出遅れたことが挙げられます。FIT旅行者が最も利用するネット販売についてフォーカスライトの調査を見てみると、2013年度の旅行のネット販売のシェアは楽天トラベル23.2％、じゃらんなどリクルート23.2％、i.JTB10.3％、一休2.7％、などとなっており、楽天やじゃらんに2倍以上の水をあけられています。旅行においてネット販売が年々増加していることを考えると、大きな弱みとなっています。これを補強するため、2013年、JTBは世界最大のOTAといわれるエクスペディアと提携することを決めました。

　知名度や歴史はもちろん強みになりますが、それは一方で"質はいいが高い"

Case Study 1　旅行会社のSWOT分析

というイメージにつながり、弱みになる場合もあります。特に価格に敏感な人たちの層にはJTBというブランドはやや敷居が高いようで、実際のパンフレット展開を見ても、同じヨーロッパのツアーでも高級クルーズには大きく"JTB"がアピールされていますが、『旅のアウトレット』という低価格の商品には"JTB"の文字はよく探さないとわからないほどにしか記載されていません。つまり、価格に敏感な層には"JTBは高いから選ばない"というマイナスのブランドイメージになってしまっているのです。

また、固定費（人件費など）が高いことも挙げられます。2014年度賃金実態調査によれば、例えば、30歳大卒男子の平均年収は、JTB首都圏（首都圏支部）の場合約440万円ですが、近畿日本ツーリストが328万円、日本旅行が378万円となっており、同業他社と比較して人件費が高くなっています。もちろん、働く人々にとって給料が高いことはいいことなのですが、ビジネス上の競争力という点ではこれが足かせになる場合があり、弱みの1つといえます。

ターゲット層の違うパンフレット

『JTB クルーズプレミア』パンフレット

『旅のアウトレット』パンフレット

出典：JTB ウェブサイト

■ 機会

　旅行業にとっての機会を考えると、まずは訪日外国人旅行者の増加が挙げられます。2015年度に日本を訪れた外国人旅行者数は1,974万人で、2005年度には673万人であったことと比較するとこの10年間で約3倍にも増加しています。日本人の海外旅行や国内旅行がほぼ横ばいであることを考えると飛躍的な増加といえますが、これは、訪日に限らず国際的な交流人口が増加していることにも起因します。UNWTO（国連世界観光機関）の調べでは、世界全体の旅行者数は、2014年度は11億3,300万人で、2005年度の8億900万人より1.4倍に増加、特に日本を含むアジア・太平洋地区の成長は著しく、2005年に1億5,000万人であった旅行者は2014年では2億6,300万人に達しており約1.75倍に増加しています。こうした国際交流人口の増加は旅行業全体にとって機会になるとともに、特にグループ企業に海外拠点を持つJTBにとっては、日本人や日本に来る外国人だけではなく、外国人が日本以外の外国へ旅行する場合もマーケットにできる大きな機会となるのです。

　また、国内では2020年東京オリンピックの開催が決定しました。オリンピックは日本を世界にPRする格好の機会となることはもちろん、オリンピック開催時の国内外の旅行者の増加が見込まれるため、交通や宿泊施設といった観光インフラの整備が進んでいます。東京オリンピック・パラリンピック競技大会組織委員会によれば、オリンピック開催までに競技場から半径50km圏内で新たに2,000室を超えるホテルがすでに計画されているといいます。空港からのアクセス交通の整備などもさらに進んでおり、東京周辺はオリンピックに向けて宿泊、交通のインフラが充実してきています。

　また、オリンピック関連以外でも2015年北陸新幹線の開通やLCCの増加により移動手段も選択肢が増えましたし、翻訳アプリなどもさまざまに登場し、言葉というハードルもずいぶん低くなりました。これまで外国人

Case Study 1 旅行会社のSWOT分析

旅行者に評判の悪かったWi-Fi環境の整備も進んでいます。こうした、観光インフラの充実は旅行者の利便性に直接つながるため、旅行業にとっては大きな機会の1つです。

■ 脅威

　旅行業は平和産業と言われるように、政情不安や感染症の流行などには大きな影響を受けます。2001年のアメリカの同時多発テロ以降、特に政情不安が影を落とす国も目立ってきており、実際に旅行者が犠牲になる事件も起きています。また、感染症の流行で旅行者が極端に減少した例は、2003年のSARS流行で記憶にも新しいところでしょう。海外旅行や訪日旅行については為替レートの影響を受けやすく、円安であれば海外旅行が減少しますし、円高であれば訪日旅行が減少します。このように、政情不安や感染症、為替といった国際情勢は旅行業にとって大きな脅威となり得るものの1つです。

　ライフスタイルや価値観の多様化が旅行業にとって脅威となる場合もあります。国民生活白書では、昭和50年代「高度成長期後半のゆたかな時代に社会に出たいわゆる団塊の世代が画一的な生活様式への不満から他人と違うものを志向する動きを見せた」と述べているように、すでにライフスタイルや価値観の多様化は40年以上前から徐々に進んでいますが、近年では旅行経験の二極化も指摘されています。観光庁が2014年に行った「若年層の旅行に対する意識・行動の実態についてのアンケート調査」によれば、直近の1年間で実施した国内宿泊旅行回数について、15～60代までの40%が「0回（一度もない）」としている一方で、37.1%は「2回以上の複数回」の旅行を経験しており、このうち「5回以上」という層が9.1%も存在しています。つまり、まったく旅行をしない層とよく旅行をする層に分かれてきているのです。旅行に対して価値を感じない人が増えれば、旅行マーケットが縮小することが考えられますし、レジャーそ

のものが多様化すれば競合も旅行だけではなくなります。まったく旅行をしない層の存在は旅行業にとって大きな脅威となっています。

　弱みでも述べたように、旅行業においてもインターネット販売が増加しています。特に、旅行会社を介さず航空会社や宿泊施設が旅行者と取引をする直接販売は「中抜き」とも呼ばれ、旅行業が不要となる事態を招いていますし、新しいOTAの参入や躍進も既存の旅行会社には大きな脅威となっています。また近年では、Airbnbのように個人宅を宿泊施設とするいわゆる"民泊"を扱う、これまでの旅行業の概念をまったく変えるようなビジネスも登場しており、インターネット販売は旅行業にさまざまな変化をもたらしています。

　団体旅行の減少も大手旅行会社には脅威の1つです。「観光の実態と志向」で国内宿泊旅行の同行者を見ると、職場や学校の団体旅行は1964年には47.5％を占めていましたが、個人志向の高まりとともに2013年には2.1％にまで減少しています。かつて団体旅行を基盤として営業をしてきた大手旅行会社にとって団体旅行の減少は脅威ですし、実際、個人旅行の対応に乗り遅れた感があることは否めません。

　このような強みや弱み、また、旅行業を取り巻く環境を照らし合わせて、JTBはどんな戦略を立てればよいでしょうか。例えば、強みと機会の照会は積極戦略を取るべきなので、知名度や取扱数の多さを活かし、オリンピックや訪日旅行者には積極的にアプローチすべきと判断できますし、新しい観光インフラも積極的に利用した商品展開をすべきでしょう。

　しかし、最も弱点となる弱みと脅威の照会では、一般的に弱点を補強するか、反対に逃げ回るかの戦略になりますが、個人旅行はもはや看過できないほど増加しており、FIT対応の遅れには一刻も早い対策が必要と考えるべきでしょう。

Case Study 2

ケーススタディ ❷ 航空会社のSWOT分析
マレーシア航空のケース

　マレーシア航空といえば、2014年に起きた2度の連続事故が記憶に新しいと思います。またマレーシアでは、格安運賃でいつも度肝を抜くトニー・フェルナンデス会長率いるエアアジアが台頭してきています。そのような逆境の中、マレーシア航空が再浮上するカギはあるのでしょうか。それをSWOT分析で検証してみましょう。

　マレーシア航空は1947年に設立された伝統ある航空会社です。特に、徹底した安全教育と、細部にまでこだわった心のこもったサービス教育には定評がありました。2度の事故がきっかけとなって経営不振に陥り、今は株式をすべて国有化して大リストラを行いながら経営再建を行っています。

　このような苦境にあっても、マレーシア航空のスチュワーデス（マレーシア航空では今でもCAとは言わず、スチュワーデスと称しています）は

マレーシア航空の定評ある安全訓練

Strength (強み)

- スカイトラックス調査で5つ星のサービス評価の常連
- アセアン諸国で唯一のワンワールドアライアンスメンバー
- 70年の伝統に裏打ちされた安定感
- 徹底した安全教育とサービス教育で定評のあるキャビンクルー研修
- ビジネスクラスは事前に豊富な選択肢から選べる機内食「シェフ・オン・コール」と伝統食サテのサービス
- エキゾチックな伝統衣装をモチーフにしたスチュワーデスの制服
- 多民族国家であるマレーシアの特徴を活かしてどの国籍の旅客に対しても平等に接する

Weakness (弱み)

- 2014年の2度の連続事故で安全に関しての一般的な評判の低下
- 日本人スチュワーデスが1機当たり1人または2人
- 東京便は成田を利用し羽田に参入していない

Opportunity (機会)

- 便利なKLIA（新クアラルンプール空港）がハブ
- マレーシアは国家として観光立国を推進
- ビジネス需要とビーチリゾート等の観光需要のどちらも見込めるマレーシア
- ASEAN諸国の経済成長
- 人口が増加するマレーシア
- 人口が増加し経済成長が続く隣国インドネシアだが競争力があまり高くないガルーダインドネシア航空

Threat (脅威)

- 格安運賃のエアアジアの台頭
- サービスのクオリティに定評があるシンガポール航空と競合
- 成田＝クアラルンプール線に全日空が再参入
- 国土交通省からの暗黙の「成田縛り」

Case Study 2　航空会社のSWOT分析

モチベーションを維持し、余計に一丸となって頑張っていこうという前向きな雰囲気を維持しています。

　隣国シンガポールには、サービスのクオリティの高さで定評のあるシンガポール航空が控えています（シンガポール航空は1971年まではマレーシア航空と同一会社でした）。マレーシア航空はシンガポール航空を最大のライバルと位置づけ、人的サービスでは絶対にシンガポール航空に負けないという意識で取り組んでいます。マレーシア航空の2レターコードはMHですが、社内では「MHは単なる航空コードではない。マレーシアン・ホスピタリティだ」を合言葉にしています。

　マレーシアは地理的にもいい位置にあります。新クアラルンプール空港KLIAは機能的に設計されており、インドシナ半島のハブとして大いに機能する空港です。シンガポールのチャンギ空港は大きくなりすぎて、ターミナルが分かれてしまい、少々使いづらくなりました。その点KLIAはコンパクトにまとまっていて、ラウンジやホテルも充実し、乗り継ぎの利便性はチャンギ空港よりも格段に使いやすいです。

　強みと機会を活かすならば、日本からだとランカウイ、ペナン、コタキナバルといったマレーシア国内のリゾートはもちろん、モーリシャス、インド、最近人気が急上昇しているスリランカなど、インド洋を結ぶ路線の振興は有効でしょう。また旺盛なビジネス需要に対応するために、マレーシア進出企業への直接セールスも有効です。イスラム教国であることから、中東と良好な関係を築いていることもマレーシアのビジネスには追い風です。

　ただ、弱みと機会で見てみると、日本人スチュワーデスの減少が気になります。日本需要を摘み取るためには日本人スチュワーデスの存在は欠かせません。羽田に就航するためには、「成田縛り」すなわち成田空港の路線を維持しなければ羽田空港就航が認められないという暗黙のルールを乗り越えなければいけません。そのためには、ビジネス需要は羽田、

リゾート需要は成田といったすみわけが必要ですが、マレーシアは幸いにもビジネスもリゾートも両方持ち合わせています。是非ここで積極攻勢に出て、羽田と成田両方で勝負してもらいたいものです。

Case Study 3 宿泊のSWOT分析

　第2次世界大戦後のわが国における宿泊産業は、観光の大衆化や国際観光、特にインバウンドの増加にともなって順調に成長してきました。その中でもホテル業は2015年現在でも、さらなる増加を続けています。

　しかし、一方で旅館は1980年代から1990年代頃をピークとして、減少の一途をたどっています。顧客のニーズやウォンツの変化や、旅行スタイルの変化に対応しきれなかったことが、その原因として挙げられることが多いようです。

　その意味では、ホテルもこのまま右肩上がりに成長し続けられるとは限りません。むしろ、どこかでピークが来て、その後は減少していくことは十分に考えられることです。

　このように、企業が事業展開を行う際の内外の環境は、さまざまな特性を持ちつつ多様に変化します。そういった変化にどう対応していくかが経営のポイントになるわけですが、その際に有効であるといわれているのがSWOT分析です。

　事実、衰退期にある旅館業においても、予約がなかなか取れないような人気施設があることも確かです。こうした旅館では、巧みに内外の環境変化に対応していることが考えられます。

　SWOT分析には、いくつかのスタイルが存在しています。S（強み）、W（弱み）、O（機会）、T（脅威）のそれぞれを並列的に羅列して、その後の経営戦略策定のヒントを提供するものもあれば、内部要因と外部要因とに分けたうえで、対応策まで記載するものまであります。

　本ケースでは、旅館の事例をもとに、これまでの変遷をもとにした架空の事例で、後者のパターンを用いた考察をしたいと思います。

(1) 大規模有名旅館のケース

　A旅館は、地方の有名温泉地に立地する、同温泉地を代表する高級施設です。日本中にその名を知られ、高級旅館の代名詞ともなっています。

　もちろんA旅館でも、顧客のニーズやウォンツの変化、団体客から個人客へのシフトといった事業環境の変化を経験しました。そこで、1990年代初頭の状況におけるSWOT分析を事後的に例示します。

	外部要因	
	機会 Opportunity ●個人客の増加 ●最寄駅への特急の停車可能性	**脅威 Threat** ●団体客の減少 ●デフレ ●地域周辺の温泉街自体が地盤沈下している
強み Strength ●施設やサービス品質の高さ ●高級旅館としての抜群の知名度	■個別的なサービス提供能力の涵養 ■評価の高さを個人客に伝えうるプロモーションの展開	■個人客の増加をにらみつつ団体客を減少させる ■デフレに引きずられて低価格にしない
弱み Weakness ●増築の繰返しによるわかりにくい館内 ●大都市からはやや距離がある	■複数館あることを活かし、多様な個人客に対応 ■直通の特急による集客プロモーション	■全体を1つの宿として見ると危険である可能性が生じる ■温泉街全体の発展のための施策を行政に働きかける

（内部要因）

　このパターンでは、既存顧客である団体客を減少させるという方向性に対して、心理的抵抗感が働くことが予想されます。そういった反対論に対しても、このように冷徹な現実を突きつけることで、ある程度は説得力を担保しえると考えられます。

Case Study 3　宿泊のSWOT分析

(2) 小規模単独立地の旅館のケース

次に、小規模で単独立地の旅館のケースを考えてみましょう。(1)と同時代で考えています。そのため、要素はほとんど同じです。異なるのは、

- ●最寄駅への特急の停車可能性　→　●自家用車所有率の増加

になったことと、

- ●高級旅館としての抜群の知名度　→　●リピート率の高さ

になったこと、そして、

- ●地域周辺の温泉街自体が地盤沈下している

を削除したことです。

		外部要因	
		機会 Opportunity	脅威 Threat
		●個人客の増加 ●自家用車所有率の増加	●団体客の減少 ●デフレ
内部要因	強み Strength ●施設やサービス品質の高さ ●リピート率の高さ	■自社のサービス品質をより高め、個人客に対応 ■DMを活用して、緊密な関係を構築	■団体客は一切とらない方向性へ ■デフレに引きずられて低価格にしない
	弱み Weakness ●増築の繰返しによるわかりにくい館内 ●大都市からはやや距離がある	■多様な客室タイプをアピールして、リピート率向上 ■秘境・隠れ家、といったキーワードを強調	■バリアフリーの対応が困難 ■自動車によるアクセスの向上を行政に働きかける

いかがでしょうか。同じような外部要因でも、内部要因と組み合わせればまったく異なる戦略オプションがありそうです。

いずれにせよ、一見して弱みと思えることも、機会があれば武器になるケースが多いこともわかります。逆に言えば、あれもこれもないからビジネスがうまくいかないと愚痴っているだけでは、本当の意味での経営とはいえないということです。
　冷静に内外の環境を把握したうえで、自社ならではの良さを市場にアピールしうる戦略構築ができる企業が生き残っていく、そんなシビアな社会でビジネスは展開されているのです。

Case Study 4

ケーススタディ ❹ 観光地におけるSWOT分析

　　　観光地のマーケティングにおいても、SWOT分析は非常に大切ですので、正しく理解する必要があります。

　やみくもに、「強み」「弱み」「機会」「脅威」を漠然と思いつくまま書き出して、終わらせてしまっては何の意味もありません。SWOT分析は、事業計画書（マーケティングプラン）の中で採用される場合が多く、とても大切です。事業計画書は大きく分けると、①状況分析、②目標、③戦略、④戦術、⑤予算、⑥管理という6つの項目から構成されることが多いようです。SWOT分析は、最初の状況分析で使用されるのが一般的です。自社がかかえる観光地をSWOT分析によって客観的に分析します。

■ SWOT分析の実践

　英国政府観光庁がイギリス国内の観光地に対して「SWOT分析の実践」と題し、ウェブサイト上で次のように紹介しています（148〜149頁参照）。

　あなたの観光地を世界に向けて効率的・効果的に販売するためにはSWOT分析は大切です。SWOT分析を行うことによって、あなたの観光地が直面するさまざまな課題を含め、「強み」「弱み」「機会」「脅威」が見えてきます。

　重要なことは、SWOT分析を行ったあと、その結果をどのように活用するかです。「強み」と「機会」で導いたことは、組織努力によって「強み」から「さらなる強み」へ、そして「機会」を「強み」に変えることが可能です。一方で「弱み」と「脅威」は、組織努力だけで改善を図ることが難しいことが多いです。

　例えば、あなたの観光地が、都会から遠く離れた、辺鄙な場所に位置していると仮定します。しかし、そこには、自然豊かな田園風景とたくさ

んの湖が広がります。緑あふれる田園風景の中で、たくさんの白い羊がのどかに草を食んでいます。野生のリスやウサギも飛び跳ねています。赤や青のバラが咲くローズガーデンもあります。

　そこで、観光局のスタッフ全員を集めて、ＳＷＯＴ分析のためのブレインストーミングを行ったと仮定しましょう。あるスタッフは「交通の悪さ」を「弱み」だと言い、あるスタッフは「辺鄙な場所に観光客はきてくれるのか」と指摘するかもしれません。しかし、既述したように「弱み」と「脅威」は組織だけの力で改善することが難しい問題です。観光地はむしろ「強み」や「機会」に目を向けるべきでしょう。

　ＳＷＯＴ分析の結果、「非日常」や「静けさ」といった「強み」が生まれてきます。組織としては、「強み」と「機会」を最大限活用すべきでしょう。積極的に国内外に情報を発信することが考えられます。例えば、ウェブサイトやパンフレットの中に「自然豊かな田園風景で心と体が癒されます」といった一文を入れてはどうでしょうか。

Case Study 4 観光地におけるSWOT分析

英国政府観光庁による観光地向けのSWOT分析のヒント

Strength(強み)

ロケーション：
あなたの観光地はアクセスしやすいですか？　観光客が迷うことなく訪れることができますか？

スタッフ：
あなたの観光地のスタッフはプロフェッショナルでフレンドリーですか？　競合の観光地と比較して優れているといえますか？　外国人観光客のおもてなしできるような多言語スキルを持っていますか？

サービス：
適度なサービスや快適性を観光客に提供していますか？　お客様のあらゆる要望に対応できるサービスを提供していますか？

マーケティング：
近代的マーケティング・メソッド（インターネット、モバイル、SNS等）を採用していますか？

Opportunity (機会)

トレンドやファッション：
今流行のアクティビティ、例えばゴルフやウォーキングを採用していますか？

人口の変化：
多くの人はますます長生きをします。自分のために使えるお金に余裕もできるのです。

情報技術：
インターネットやモバイルなど情報技術の革新についていく努力をしていますか？

プロモーションの機会：
英国政府観光庁が海外の重要市場において行う旅行会社向けのセールス・イベント、キャンペーンなどを積極的に活用していますか？

Weakness（弱み）

評判とイメージ：
あなたの観光地の評判とイメージは？　好ましくないイメージの場合、改善できますか？

スタッフ：
あなたの観光地のスタッフの教育は適切に行われていますか？スタッフの数は足りていますか？

サービス：
もう少し効率的なサービスを追求できますか？

社内の問題：
受け身の経営ではないですか？

Threat（脅威）

競合：
あなたは競合の観光地が最近どんなことを行っているのかきちんと把握していますか？　将来、あなたのビジネスに影響を与えることかもしれません。

経済状況：
例えば、不景気、インフレ、失業、何か対策を考えていますか？

変化:
変化はポジティブでもあり、ネガティブでもあります。

第8回 若人よ、負け犬にはなるな！問題児なら大いに結構

Theme テーマ　PPM（プロダクト・ポートフォリオ・マネジメント）
プロダクト・ライフサイクル

■PPM

　第4回でポジショニングの概念を学びましたが、自社の商品のポジショニングを知り、どこに経営資源（端的に言うと、キャッシュ）を投入すればよいか分析する手法として、ボストンコンサルティングが考案した**プロダクト・ポートフォリオ・マネジメント（PPM）**が有効です。

　PPMは縦軸に**市場成長率**を、横軸に**相対的市場シェア**をとって下図のようなマトリクスを作ります。

　市場成長率が高く、相対市場シェアが大きいものを**花形**、市場成長率が低く、相対市場シェアが大きいものを**金のなる木**、市場成長率が高く、相対市場シェアが小さいものを**問題児**、市場成長率が低く、相対市場シェアが小さいものを**負け犬**という名前をつけて分類しています。

①**花形**

　PPMは、シェアが大きければ、それだけ低コストで生産できるはずなので、キャッシュを多く生み出すことができるという前提で議論が進められています。ということは、**花形**に位置する商品は多くのキャッシュを生み出すため会社の中の代表的商品となりますが、成長を続ける市場の中でそのシェアを維持するためには多額の投資が必要となるため、差し引きすると結局あまり手元にキャッシュは残らないという特徴があります。

②**金のなる木**

　PPMのもう1つの前提として、市場はいつまでも成長を続けることはなく、よって成長率は徐々に低下していくという点も忘れてはいけません。**花形**はやがて**金のなる木**になっていきます。金のなる木に位置すると、キャッシュは多く生み出すのは変わらず、成長が鈍化した環境下ではもう多額の投資は必要なく、そうなると多くのキャッシュが利益として手元に残るようになります。企業を判断する場合、多くの人は成長率の高い花形商品に目が行きますが、花形よりもいかに金のなる木の商品を持っているかがその企業の**強み**となるわけです。

③**問題児**

　市場成長率は高いけれどシェアが低い商品は**問題児**と呼ばれます。先ほどの2つの前提から、シェアが低いため生産は高コストになり、市場成長率が高いので多額の投資が必要となるため、ものすごくキャッシュを食う部類になります。そして問題児というネーミングからも、ここに位置する商品はダメだと思いがちですが、そうではありません。**金のなる木**で得たキャッシュを問題児にがんがん投資をするのです。市場の成長が鈍化する前にシェアを獲得すれば問題児は**花形**へと昇華できるのです。だから問題児は将来大化けする一番可能性に満ちた商品なのです！　よい子ちゃんよりも問題児こそが将来大物になるということを知った上でこのネーミングをしたのなら、なかなか世の中の条理を理解した粋なネーミングだと思いませんか。

④**負け犬**

　衰退市場でトップになれなかった商品は、もう勝負がついてしまっているので、売却してなけなしのキャッシュを得るか、投資を最小限に抑えて、細々と食いつないでいかないと赤字の原因となってしまいます。しがらみで撤退がなかなか出来ない場合が多いのですが、捨てる勇気も会社経営には必要です。

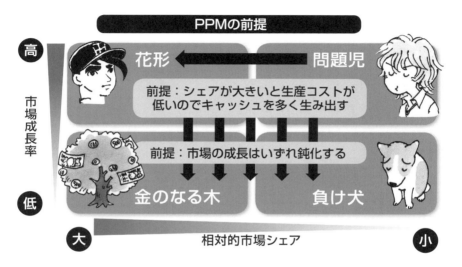

■プロダクト・ライフサイクル

　人の命に終わりがあるように、燃える恋にも終わりが来るように、商品も市場から消えていく運命にあるという考え方が**プロダクト・ライフサイクル**です。**PPM**もこの考え方に基づいています。

　この考え方では、商品の成長段階を**導入期**、**成長期**、**成熟期**、**衰退期**という4つの段階に分けて、それぞれどの段階にあるかを想定して戦略を策定します。

　売上高は導入期では低く、成長期には急激に伸び、成熟期に至ると伸びはするものの低成長（または横ばい）になり、衰退期で低下していきます。

　導入期というのは、初期投資に加え、マーケットにまだ認知されていない

ため、広く知らしめるためのプロモーション費用もかかります。そのため利益はマイナスになることが多いですが、利益はまだ出ません。これが成長期になると新規参入企業も次々現れますが、市場が成長しているため利益も伸びていきます。成熟期になると、成長率が鈍化した市場の中で競合は激しいままですから利益は低下していきます。ここでいかにシェアをとっていくかが重要なポイントとなってきます。シェア獲得のために熾烈な価格競争が行われるのも成熟期の特徴です。ここで体力のない企業は早々と衰退期に突入してしまいます。衰退期では売上高も利益も低下していきます。しかし、体力のない企業が撤退していきますので、競合はおのずと少なくなります。衰退期ではトップシェアの企業に利益が集中するという傾向があり、これは最近特に顕著な傾向として見られます。

　ライフサイクル理論では、成長期はイケイケドンドンで売って売って売りまくれば売れる時期です。ですので、スピードとか精神論が通用します。ただ、成熟期後期から衰退期に入るとスピードや精神論だけでは逆に仇となります。衰退期にどのような戦略を構築するか、安直に撤退を考えるだけでなく、衰退期にこそマーケターの工夫が求められているのです。だって、金のなる木は、市場成長が鈍化したときに現れるのですから！

　一度スポットライトを浴びる経験をしたものは、世間から忘れ去られることを極端に恐れます。サスティナブルに生き続けるためには、注目される存在でないほうが都合がいい。この発想の転換がなかなかできないのです。

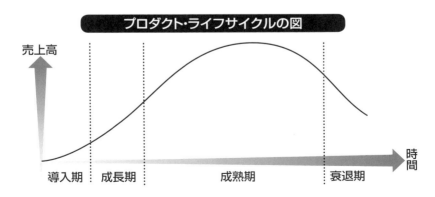

Case Study 1

ケーススタディ❶ プロダクト・ライフサイクルとイノベーター理論
日本人のハネムーン

　プロダクト・ライフサイクルという考え方は、モノである商品が基本となっており、スマートフォンをはじめとした通信機器やIT関連製品、家電などがよく事例として挙げられます。旅行商品の場合は、モノとは異なり資金投資や生産コストがあまり掛からないこと、また、1つの旅行商品の人気が低下しても何かをきっかけに再び人気を取り戻すことがあるなど、必ずしもプロダクト・ライフサイクルでは説明ができません。しかし、現在の私たちには当たり前となったハネムーンで考えてみると、旅行商品のプロダクト・ライフサイクルがよく理解できます。

　ハネムーンの歴史をたどってみると、日本人で最初にハネムーンに出掛けたのは、幕末の志士・坂本龍馬だといわれます。慶応2年、寺田屋事件で傷を負った坂本龍馬は、妻お龍とともに現在の鹿児島県霧島市にある塩浸温泉に出掛け、そこで傷をいやしながら霧島などを楽しんだのが日本人のハネムーンのさきがけ、といわれているのです。もちろん、もっと以前にも結婚をきっかけに夫婦で旅に出掛けたケースはあったのでしょうが、旅に出ること自体が一般的ではなかった時代、当然、一般庶民にハネムーンという慣習はありませんでした。

　それが、一般に普及していく過程には交通の発達があります。女性が同行するには徒歩による旅では困難が多く、乗り物の存在は欠かせないからです。日本では、明治5年に新橋〜横浜間に開通した鉄道を皮切りに、大正14年にははとバスの前身である東京乗合自動車がはじめて遊覧自動車を運行させるなど、少しずつ一般庶民が旅に出られる交通環境が整っていきます。

　こうした環境を背景に、大正時代から昭和のはじめにかけてハネムーンという風習が少しずつ認知をされていきますが、まだ一般には普及せず、一部の上流階級による西洋起源の奇異な風俗と捉えられていたよう

です。また、1924年創刊の雑誌「旅」では、1949年11月号に25名の文化人のハネムーンの行き先についての記載があり、半数以上はハネムーンを実施していなかったといいます。

　こうしたハネムーンが一般庶民にも普及したのは、1950年代以降の高度経済成長期であると考えられます。好景気を背景に、1958〜59年の現在の天皇皇后両陛下のご婚約・ご成婚も相まって一般にも婚姻件数が増加、1958年にはハネムーン向けのガイドブック「新婚旅行案内」が発刊され、ハネムーンは一般的なものとなりました。

　1980年代に入るとハネムーンで海外旅行が増え、1984年にはJTBのハネムーン調査で人気のベスト3を海外が独占する時代になりました。旅行者数、費用ともにハネムーンが大きな市場を形成したのです。

　そして、現在はどうでしょう。ハワイやヨーロッパがハネムーンに人気である一方で、"なし婚"と呼ばれるような派手な挙式やハネムーンはしない、という価値観の人たちも増えてきています。ハネムーンはもはや「誰もが行くもの」という位置づけではなく、市場も縮小に転じているのです。

　こうしたハネムーンの歴史をプロダクト・ライフサイクルで考えてみましょう。プロダクト・ライフサイクルを顧客の消費行動から見たものに、イノベーター理論があります。エベレット・M・ロジャーズが提唱したもので、イノベーション普及の理論ともいわれますが、プロダクト・ライフサイクルのそれぞれの時期がどんな消費者に支えられているのかを説明することもできます。

　イノベーター理論では、消費者はその消費行動から「イノベーター」「アーリーアダプター」「アーリーマジョリティ」「レイトマジョリティ」「ラガード」に分類されています。

　日本におけるハネムーンの普及をイノベーター理論で考えると、幕末の坂本龍馬は革新者といえるイノベーターに当たり、大正から昭和初期

Case Study 1 プロダクト・ライフサイクルとイノベーター理論

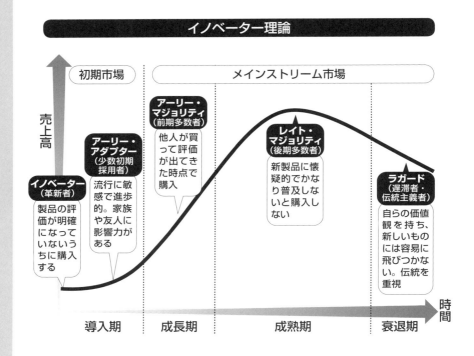

の一部上流階級は流行に敏感で進歩的なアーリーアダプターになります。1950年代ですでにハネムーンに行ったという半数に満たない人たちは比較的早くに購入するアーリーマジョリティ、高度経済成長期以降の海外旅行が主流になった時代の人たちはレイトマジョリティといえます。そして、不況といわれた2000年代初めから現在は婚姻者の約半数が"なし婚"ともいわれ、ラガードの時期を迎えたと考えることができます。

しかし、ハネムーン市場でいうラガードは遅滞者や伝統主義者という意味ではなく、むしろ成熟市場に達し自分の価値観で判断する人たち「成熟者」と考えるべきでしょう。ハネムーンがこのまま衰退期に向かうのか、それとも他の新たな段階に入るのか、現在、難しい局面を迎えているといえます。

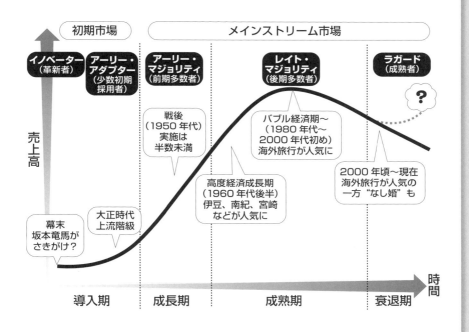

Case Study 2

ケーススタディ❷ 観光地のライフサイクル

　観光地にとって大切なことは、一過性のブームや一時的な大量集客ではなく、あらかじめ立てた目標の数の観光客が観光地を訪れ、その状態が長期的に安定しながら持続することです。これを把握するバロメーターの1つが観光地のライフサイクル理論です。

　観光地のライフサイクル理論は、カナダの地理学者バトラーによって提唱されたといわれています。マーケティング分野で採用されているプロダクト・ライフサイクルの考え方を応用したものだと考えられています。

　新しい観光地が誕生し、世間で知られるようになると観光客の数も少しずつ増えてきます。観光客は、急激に減っても困りますが、急激に増えても困るものです。多くの国・地域において、キャリング・キャパシティの範囲内が、理想の状態だと考えられています。キャリング・キャパシティとは、観光地が観光客を収容できる限界という意味です。

　観光地のライフサイクルを考える上で大切なことは、それぞれの観光地が、観光地のライフサイクルにおいて、現在、どのステージに位置しているかをきちんと把握することです。そのためにも、定期的に、そして継続的に、観光客の入込数と増減率、宿泊施設の宿泊者数、周辺の競合観光地の観光客数などはモニタリングしておくべきでしょう。衰退期に突入したからといって、ゴーストタウンの道を辿るというわけではありません。観光地の努力によって、再び安定期に戻すことも可能です。

　それでは、それぞれのステージにおける特徴と具体的な取り組みについて事例を交えて説明します。

■ 導入期

　地域住民になじみのある地域だからといって、観光地として世の中で広く知られているわけではありません。知らない地域を好んで観光する人

がいるかもしれませんが、決して多くはないでしょう。旅行会社は、世間で知られていない地域をリスクを冒してまで、積極的に商品化して販売しようと思わないでしょうし、出版社も多くのページをさいてまで、ガイドブックや雑誌で紹介しようと思わないでしょう。

　国・地域が導入期で取り組むべきことは、自社のウェブサイト、広報誌、メールマガジン、ニュース・リリース（組織が自社の情報をマスコミ関係に配布するニュース素材）を使い、中長期的視点に立った情報発信を行い、観光地の認知度を高めることです。外部のメディア（テレビ、雑誌、新聞、ラジオ等）による情報発信、ソーシャル・ネットワーキング・サービス（フェイスブック、ツイッター等）の最大活用も極めて効果的です。定期的に効果測定を行うのが重要です。例えば、ウェブサイトのアクセス件数、メールマガジンの登録者件数、フェイスブックの「いいね」の数は、重要なバロメーターになります。日々の動きを見ることによって、どのメディアが最も効果的か、どのニュースに消費者が反応しているのかなど傾向を捉えることができます。

■ 開拓期から成長期

　一定の成果が見えてきたら、旅行会社を対象に研修旅行を提案してみてはどうでしょうか。研修旅行とは、観光地を旅行商品の中に組み込んでもらうために、旅行会社の社員を招待し、視察をしてもらうことです。大型バスの駐車場や道路等の交通網・標識等が整備されているか、グループ旅行者を収容できる十分なレストランや宿泊施設があるか、多言語対応の案内表示は適切に翻訳されているのか、今の消費者のニーズを満たすようなＵＳＰ（ユニーク・セリング・ポイント＝その地域の「売り」となるような施設・体験等の観光資源）があるかなど、多角的に観光地を評価してもらいます。

　加えて、雑誌、新聞社、テレビ等のメディアの担当者、さらには、ブログ、

Case Study 2 観光地のライフサイクル

SNS等で影響力のある個人（インフルエンサー）を招待することも極めて効果的です。事後、ニュースで取り上げられたり、コラムで紹介されたり、特集記事が組まれたり、ブログ、SNS上で情報が拡散したり、多くの可能性を期待することができます。

■ 成長期

　観光客が増えたら、その勢いに乗って、旅行会社にモニターツアーの企画・販売を相談してみてはどうでしょうか。モニターツアーとは、上述したような旅行会社やメディア向けの視察ではなく、一般の消費者に観光地を実際に体験してもらうことを目的としています。モニターツアーは、手頃な価格で販売されることが多く、対価として、参加者には簡単なアンケートやインタビューの協力等が義務づけられます。観光地に関する貴重なマーケティングの情報となるでしょう。参加者の満足度次第では、将来的に、旅行会社によってツアーが継続的に販売されることとなるかもしれません。

　世界的な「絶景ブーム」を受けて、数年前からカリフォルニア州の観光局は、積極的に「絶景」を切り口とする国立公園のプロモーションを行っています。カリフォルニア州にある9つの国立公園の中で、市場調査の結果、世界自然遺産に登録されているレッドウッド国立州立公園が

レッドウッド国立州立公園

もっとも日本人観光客のニーズが高いことがわかりました。しかしながら、日本市場における認知度が極めて低かったことから、1年目は自社のウェブサイトやSNS、広報誌、イベントなどで積極的に露出を高めました。2年目に旅行会社向けの研修旅行やメディア招請などを行い、ツアーが造成・販売されるようになり、徐々に観光客が増えました。導入期から成長期への過程でほぼ2年間費やしたことになります。

■ 安定期

　安定期は観光地としては理想の状態です。旅行者も快適に観光を楽しむことができ、観光業に従事する人、地域住民も気持ちよく観光客をもてなすことができる状態といえます。多くの観光地は、次頁図表内の「C」の状態が永遠に続くことを願っています。

■ オーバー・キャパシティ

　オーバー・キャパシティとは、次頁図表内の「A」や「B」のように需要が供給を上回った状態です。宿泊者数を一種のバロメーターとして捉えていることが多いようです。「どの旅行会社に相談しても、どの宿泊サイトを検索しても、宿がほとんどみつからない」といった状態です。小さな観光地の場合、交通渋滞、駐車場が足りない、レストランや公衆トイレに長蛇の列ができるといった状態も一種のオーバー・キャパシティと考えられます。これでは、せっかくの旅行者の旅の印象も台無しです。「また来てみたい」と思う人は多くはないでしょう。

　オーバー・キャパシティのステージにおいて、観光地として取り組むべきことは、これ以上増えないように、一時的に観光地の需要を抑制することです。マーケティング用語では、ディマーケティング[1]と呼ばれます。観光を計画している人に対して、ウェブサイトで正確な状況を伝え、メディアに対しては、情報発信や露出を一時的に抑えたり、旅行会社に

Case Study 2　観光地のライフサイクル

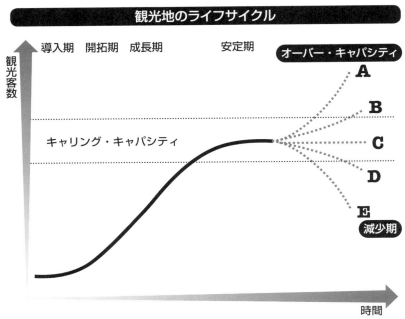

※）バトラーによる観光地ライフサイクルを筆者が一部加筆。

対しては、積極的なセールスを一時的に控えたりすることによって、新たな流入をある程度、コントロールすることが可能です。

　米国カリフォルニア州サンフランシスコ・ベイエリアには、IT企業の一大拠点として世界的に知られたシリコンバレーが存在します。世界各国の観光客が訪れています。しかしながら、カリフォルニア州の観光局は、この地域について積極的に大々的な宣伝を行おうとはしません。年間を通してIT関連のイベントも多く、ビジネス客に加えて観光客も訪問するため、宿泊施設を予約することが難しいためです。同じサンフランシスコ・ベイエリアにありながら、遠く離れた街、オークランドを宿泊拠点として紹介される場合もあります。

■ 衰退期

　安定的に訪れていた観光客が徐々に減少したり、突然来なくなったりする時期があります。これを衰退期と呼びます。いくつかの理由が考えられますが、その主な原因から考えてみましょう。

　特に外国人観光客の場合、7つの理由が考えられます。①自然災害（洪水、山火事、地震など）、②テロ、内乱、戦争など、③治安の急激な悪化、④感染症など（エボラウィルス、SARS、狂牛病など）、⑤政治的発言など、⑥近隣諸国（地域）の情勢、⑦為替の影響です。

　要因が①～④と考えられる場合、観光客の不安要素を取り除くためにも、速やかにウェブサイト上などに災害範囲、交通状況などの事実情報を公開することが好ましいと考えられます。特に旅行会社に対しては、メールマガジンなどによって、ニュース・リリースを配信することが重要です。ツアーを申し込んだお客様や、これからその観光地を訪問しようと考えているお客様に正確な情報を伝えてもらえることになります。

　英国政府観光庁には、「24時間ルール」とよばれる仕組みが存在します。訪英外国人観光客に多少なりとも影響を与えるようなリスクが発生した場合、24時間以内にウェブサイトなどで公式声明を出すことです。リスクが発生してから考えるのではなく、あらかじめ想定できる何百種類ものリスクを洗い出し、それぞれのリスクにどのように対応すべきなのかを記録しておきます。このことをリスク・レジスターと呼びます。

　これらの努力を行うことにより、図表内「C」の状態を継続させ、サステイナブル（持続可能）な観光地づくりの創造にもなります。

1）第10回参照。

第9回 いざ討って出よ！その時もマーケティング的発想を忘れるな

Theme テーマ
プロモーションの種類（プロモーション・ミックス）
プッシュ戦略・プル戦略

　お客様に商品を買ってもらうには、まず商品を知ってもらう必要があります。いかに優れた商品でも、消費者がそれを知らなければ購買にはつながらないのです。こうした購買のきっかけをつくるために消費者に

プロモーション手段の種類

プロモーション	主なツール	特徴
人的販売	主に販売員や営業マンによる対面販売	人同士の対話という双方向のコミュニケーションを通じて消費者に直接働きかけを行う。細かな説明ができるため効果が高く、消費者からの意見も把握しやすいが、人件費などのコストが高く、広範囲に効果が及ぶのに時間が掛かる。
広告	主にTVやラジオ、新聞、雑誌などの媒体を通じてメッセージを伝える	多数の消費者に一度に働きかけができるが、コストが高く、あくまでも宣伝として認知されるので他の手段と比べ説得力が弱いのが欠点。
パブリシティ	新聞や雑誌の記事、TVニュースなどの報道として取り上げられるもの	信頼性が高く効果も高い。広告ではないのでコストはほとんど掛からないが、記事の内容や掲載の可否は企業側のコントロールができない。
販売促進	流通業者向け：リベートや販売指導、展示会など 消費者向け：サンプルやノベルティの配布、懸賞、クーポン、イベントの実施など	さまざまな手段があり、短期的なインセンティブを与えるには効果があるが、リベートなどコストが掛かるものもある。
口コミ	人から人へ評判が伝わる	信頼性が高く、コストも掛からないが、意図的に内容をコントロールするのは難しい。しかし、最近ではブログなどを通じ、意図的に好意的な口コミを広げる仕掛けを作る場合もある。
インターネット	自社のウェブサイトでの商品紹介、オンラインショッピングサイトへの参加、ネット広告の掲載、eメールを使ったダイレクトメールなど	他のプロモーション手段と比較して、コストが安く、瞬時に消費者に届く迅速性と、受け取った消費者が興味を持てばその場で商品が購入できる双方向性に優れている。

働きかける活動を**プロモーション**といい、**プロモーション手段**には左表のようないくつかの種類があります。

　こうした**プロモーション手段**は、実際には商品やサービスの特性や市場での浸透度、消費者の特性などに応じて使い分けたり、いくつかを組み合わせて使われます。このようにターゲットとする消費者や市場に最適なプロモーションの組み合わせを作り出すことを**プロモーション・ミックス**といい、中でも、人的販売のように企業が消費者へ直接アプローチをしていく手法を**プッシュ戦略**、広告のように消費者に欲しいと思わせる仕掛けを行っていく手法を**プル戦略**といいます。

　プッシュ戦略とは、販売員や営業マンが対面販売で消費者に働きかける人的販売、自社商品の販売意欲を喚起する流通業者向けの販売促進をいい、eメールや郵便でのダイレクトメール、電話セールスなどもこれに当たります。一般的にはブランド・ロイヤルティのあまり高くない商品や知名度の低い商品、既存の商品を一層市場に浸透させたい場合、衝動買いをさせたい場合などのプロモーションに効果的な戦略であるといわれています。

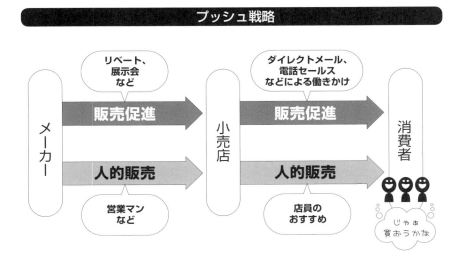

プッシュ戦略

一方、**プル戦略**は、企業が消費者に広告などで直接メッセージを送ることで消費者に商品を欲しいと思わせ、その商品を指名買いするように仕掛ける戦略で、主にメディアを利用した広告やパブリシティに代表されるものです。さまざまなメディアを使い消費者の視覚に訴えるため、知名度を上げブランド・イメージを植え付けやすく、家電や自動車、アパレル、化粧品など、商品のブランド・ロイヤルティの高い商品に特に有効な戦略であるといわれています。

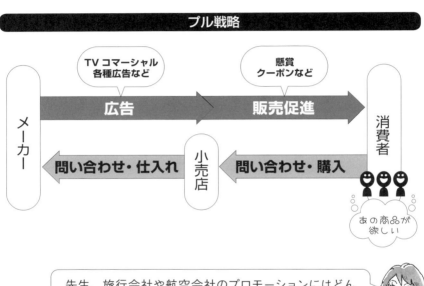

旅美：先生、旅行会社や航空会社のプロモーションにはどんな手段が使われるんですか？　モノの商品例ばかりで、イメージしにくいんですが。

先生：順を追って説明しましょう。

　まず、旅行商品のパッケージツアーについてですが、旅行会社の店頭で販売されるホールセール商品と電話やインターネットなどで申し込みを受け付けるダイレクトセール商品では、全く異なったプロモーション

手段が取られます。ホールセール商品の場合は、**販売促進**がプロモーションの基本です。自社のパッケージツアーを販売してくれる販売店に対して旅行パンフレットを配布する他、お客様の旅行意欲を刺激するために観光地や自社ブランドのポスターを店頭に掲示してもらったり、販売店向けの商品発表会を開催し商品をアピールしたりして、店頭を訪れたお客様に自社商品を薦めてもらうように働きかけます。旅行会社の店頭にずらりと並ぶ旅行パンフレットはお客様が旅行を選ぶための販売ツールでもありますが、一方で旅行意欲をかき立てる広告ツールでもあるのです。

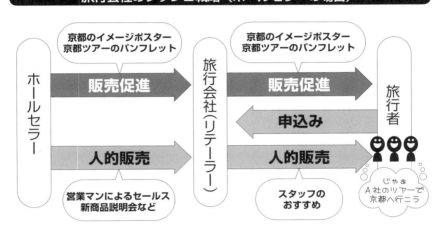

それに対してダイレクトセール商品の場合は、**広告**がプロモーションの基本です。新聞やウェブ上などにツアーの広告を掲載して直接消費者に働きかけます。このため、旅行商品の場合、ダイレクトセール商品をメディア販売商品と呼ぶことがあります。また、独自の会員誌を発行して定期的にお客様に旅行情報を提供することで、消費者の旅行意欲を喚起する方法もあります。

旅行商品の場合は、他の商品の広告とは少しアピールの仕方が違いま

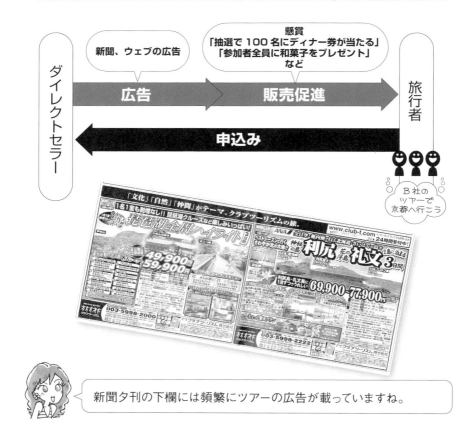

す。一般的な商品の広告では大きくアピールされるのは企業名や商品名、ブランドなどだけで、特徴や使用上の注意事項など商品の詳細までは大きく掲載しないことが多いのですが、ツアーの広告の場合は、1日ごとの旅行スケジュールから食事の内容、出発日ごとの旅行代金や注意事項まで詳細にわたって商品内容が掲載されていることが多いようです。これは、旅行商品の場合、消費者は企業名やブランドよりも旅行の内容や価格で選ぶ傾向が強いため、広告で内容の詳細までアピールしているの

です。もちろん、それぞれの旅行会社はお客様にリピーターになっていただくようさまざまに努力をしていますから、一定のリピーター顧客はいますが、一般的に旅行の場合はあまりブランド・ロイヤルティは高くないといわれています。

航空会社やホテルのプロモーションはどうなんでしょう？

　航空会社のプロモーションは広告と販売促進が基本です。広告には、企業のイメージをアップするものやサービス内容、割引運賃などをアピールするものの他、特定の路線を売るために行き先の観光地をアピールすることもあります。TVで沖縄や北海道をアピールしている航空会社のCMを見ることがあるでしょう？　また、販売促進では、旅行会社の店頭に自社路線だけの時刻表を置いてもらったり、マイレージクラブのパンフレットを配布してもらったりもします。さまざまなキャンペーンなども実施しますが、近年ではウェブ広告が数多く展開されています。

　ホテルの場合も広告と販売促進が基本になります。世界中、さまざまな都市に複数のホテルを展開しているところも多いですから、広告ではホテルのイメージをアップするものや、複数の所在地をアピールするものが多いようです。けれど、ホテルの主力商品は宿泊だけではありません。ウエディングなどの宴会やレストランも含まれますから、ウエディングプランの広告や季節に応じた食事プランなどもあります。

　旅行会社、航空会社、ホテル、いずれの場合も、新しい商品やサービスが発売される際には、ニュース・リリースと呼ばれる案内をマスコミ各社に流しパブリシティとして取り上げてもらうように働きかけるほか、最近ではインターネットによるプロモーションやeメールでのダイレクトメールなどにも大きな力を注いでいます。

Case Study 1

ケーススタディ ❶ 国・地域のプロモーション

　お客様に製品を購入してもらうためには、まずは、製品のことを知ってもらう必要があります。プロモーションとは、お客様に製品について知ってもらい、購買へと導くための動機づけを行うことです。

　観光地のプロモーションも基本的な考え方は同じです。お客様に観光地のことを知ってもらい、実際に足を運んでもらうための動機づけを行わなければなりません。

　日本からの海外旅行市場（アウトバウンド市場）においては、国・地域によるプロモーションは特に重要です。国内旅行の場合、「知らない街を旅してみたい」という人がいるかもしれませんが、海外旅行の場合は、聞いたこともないような国や地域を訪問してみたいと思う人は、多くはないでしょう。

　外務省によると、現在世界には195の国・地域があるそうです。そのうち155の国・地域が、海外からの観光客を呼び込むことを目的に、自分の国・地域について知ってもらおうと積極的なプロモーションを行っています。

　ひとことでプロモーションといっても、具体的に何を達成したいかによってその手法は異なりますが、多くの国・地域が熱心に取り組むプロモーションが、観光地としての自国の認知向上と需要喚起を図り、実際の誘致につながるような手法です。

　「いまさら国の認知を高める必要があるの？」と思う人もいるかもしれません。しかし、世界的に知られている国だからといって観光客が多いというわけでもなく、逆に、あまり知られていないから少ないということでもありません。オーストラリアと聞いて、青い海、大自然、オーストラリア・ワイン、コアラやカンガルーなどの野生動物などを連想して、たくさんの観光客が訪れているだろうと思う方がたくさんいるかもしれませんが、実際は、オーストラリアを訪問する外国人観光客数は、日本を訪問する外国人観光客数よ

りもずっと少ないのです。また、アルバという島を聞いたことがありますか。日本では知名度は低いですが、欧米では名の知れたれっきとしたリゾート・アイランドです。

　大切なことは、漠然と国・地域のことを発信するのではなく、消費者に自分の国・地域をどのような印象（イメージ）を抱いてほしいのか、そのことを実現するためには、どのようなメッセージを発信する必要があるのかを戦略的に考えることです。アメリカのマーケティング学者のコトラーは、このことを戦略的イメージ・マネジメントと呼んでいます。

　ここでは、アメリカ合衆国のプロモーションの事例を紹介します。いうまでもなく、世界的に知られた国です。良くも悪くも、いわゆるステレオタイプが幅を利かせてしまうため、あえて戦略的なプロモーションが重要になるのです。

　アメリカは、世界第1位の国際観光収入のある国であり、世界第2位の国際観光客の受入国です。年間およそ7,000万人以上が海外から訪問する観光立国でもあります。アメリカは、2021年までに年間訪問者数を1億人に増やす目標を掲げています。

　アメリカ政府観光局「ブランドUSA」によるプロモーション「発見しよう、あなたの知らないアメリカ」は、日本、カナダ、イギリスなど世界の主要市場において、2012年から2014年にかけて実施された3カ年プロモーションです。このプロモーションの目的は、観光地としてのアメリカの認知向上と需要喚起を図り、実際の訪米の動機づけを行うことです。

　グラミー賞受賞歌手のロザンヌ・キャッシュさんの作詞・作曲によるオリジナル・テーマソング「ランド・オブ・ドリーム」と、同曲を使ったテレビCMが作られました。キャッチフレーズは「Discover this land, like never before」で、いまだ知られていないアメリカの魅力が訴求されました。同時に、ウェブサイト「DiscoverAmerica.com」を開設し、YouTube、Facebook、Twitter、Instagram等のソーシャル・ネットワー

Case Study 1 国・地域のプロモーション

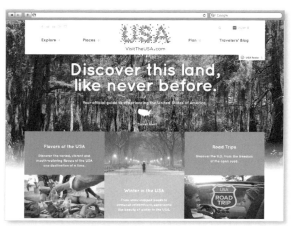

Discover America.comのウェブサイト
(http://www.visittheusa.com/)

キング・サービスを使ったプロモーションも積極的に行われました。さらに、東京と大阪では主要鉄道駅での交通広告も採用されました。

　このプロモーションでは、もう1つの意図も込められていました。世界の消費者がアメリカ人に対して抱くネガティブなステレオタイプを払拭することです。

　世界的に実施したマーケティング調査の結果から、アメリカ人に対する3つのステレオタイプ（①厚かましい、②おもてなし精神の欠如、③過度にフレンドリー）が存在することがわかり、これら3つのステレオタイプが訪米の阻害要因であることもわかりました。こうしたネガティブなイメージを払拭する手段として、テレビCMを通して、「新鮮、予想外」「おもてなし」「自由と可能性」といった要素を発信し続けたのです。映像では、場所が特定できるような観光ランドマークや観光名所はほとんどなく、さまざまなアメリカの「人」にスポットライトが当てられていました。

　こうした継続的な取り組みによって、プロモーションは、一定の成果を見せています。事後調査の結果から、日本における訪米意向が59％

⇒67％、イギリスが51％⇒57％、カナダが58％⇒71％に上昇したといわれています。また、アメリカ人に対するイメージ調査でも、「フレンドリーだと感じる」と答えたカナダ人が11ポイント、「おもてなしのある国」と答えた日本人も5ポイント上昇したことがわかりました。

外国政府観光局による似たような事例として、ニュージーランドによる「Pure New Zealand」、インドによる「Incredible India」、イギリスによる「Great」などもあります。それぞれの国がどういう問題意識から実施しているのかを研究するのも楽しいでしょう。

Incredible India のウェブサイト
（http://incredibleindia.org/）

Pure New Zealand のウェブサイト
（http://www.newzealand.com/int/）

Great のウェブサイト
（http://www.visitbritain.com）

Case Study 2

ケーススタディ ❷ ジュメイラのプロモーション

　中東では、「オイルマネー」頼り一辺倒の経済構造から脱却を図り、金融センターや観光都市としての成長を模索する国や都市が増えつつあります。世界中から多様なファイナンス手法を駆使して資金調達を行い、他では真似のできないような思い切った投資をすることで、さらなる資金が集まるスパイラルができあがってきました。そして、このようなアプローチを採る存在の代表格として挙げられるのが、アラブ首長国連邦のドバイ首長国です。

　かつてのドバイは、漁業や真珠の輸出が主たる産業の地域でした。1830年代にアブダビからマクトゥーム家が移住してドバイ首長国が建国され、19世紀半ばにはイギリスの保護国となりました。イギリスは東インド会社への中継基地としての意義をドバイに見出し、そこから商業の中継地としての存在感が増していきます。

　20世紀半ばから近代化が志向されるようになりましたが、1966年に海底油田も発見され、この流れはさらに加速することになります。1970年代にイギリスの影響下から脱して、アブダビ首長国などとともにアラブ首長国連邦が結成されたのち、1980年代からは経済特区も設定され、ますます人や物が集積する都市としての重要性が認識されるようになってきました。

　21世紀には世界でも有数の商業都市となり、2008年と2009年の金融危機の場面においては、一時足踏みをすることが危惧されましたが、変わらぬ成長を続けています。2010年に開業した「ブルジュ・ハリファ（Burj Khalifa）」や人工島の「パーム・ジュメイラ（Palm Jumeirah）」、「ザ・ワールド（The World）」、幅が275mにも及ぶ世界最大級の噴水である「ドバイ・ファウンテン（Dubai Fountain）」、世界最大の屋内スキー場「スキー・ドバイ（Ski Dubai）」など、ありとあらゆる「世界一」を追求しているところがドバイらしさといえるかもしれません。

そんなドバイにはもちろん、ホテルも「世界一」と言われるものが存在します。それが「ブルジュ・アル・アラブ（Burj Al Arab）」です。ペルシャ湾を望む砂浜から300m弱の距離の人工島に位置しており、利用客のみが渡ることのできる橋でつながっています。この橋を渡るか、ヘリコプターでしかホテルに入れないというエクスクルーシブさも特徴の1つでしょう。

Burj Al Arab

同ホテルは1999年に開業しました。写真では実感しにくいですが、高さは320m以上もあり、東京タワーとあまり変わりません。階数にすると最上階は27階となりますが、横浜のランドマークタワーが70階建てで300m弱ですから、1フロアの高さ、つまり天井の高さがホテルとしては異例の高さとなっています（参考までに、横浜ランドマークタワーの下層階はオフィスです）。ただ、各部屋はメゾネット構造、つまり1室がすべて2階建てになっていますから、実際には60階近い階数ということになります。

Case Study 2　ジュメイラのプロモーション

　一方で客室数は200室余りしかありません。そのため、1室あたりの専有面積がきわめて広くなっています。実際、すべての客室がメゾネットタイプであることからもうかがえるとおり、最低でも1室170㎡あり、実際の宿泊単価も1泊16万円程度からとなっています（2015年12月現在）。

　同ホテルを経営・運営するのが「ジュメイラ・グループ (Jumeirah Group)」です。同グループは、首長自らがトップを務める「ドバイ・ホールディング (Dubai Holding)」傘下に、ホテル経営・運営、ホテル学校やテーマパークなどの経営・運営企業として1997年に設立されました。

　経営・運営を行うホテルは、ドバイの中だけでも、上記のいわばフラッグシップたる「ブルジュ・アル・アラブ (Burj Al Arab)」以外に、以下が営業しています。

　同ホテルと海をはさんだ立地となる「ジュメイラ・ビーチ・ホテル (Jumeirah Beach Hotel：1997年開業)」、ビジネス色の強い「ジュメイラ・エミレーツ・タワーズ (Jumeirah Emirates Towers：2000年開業)」、一大テーマパークのような「マディナ・ジュメイラ (Madinat Jumeirah：2003年開業)」、マディナ・ジュメイラの中には「アル・カサル (Al Qasr)」、「ミナ・アッサラム (Mina A'Salam)」、「ダル・アル・マシャフ (Dar Al Masyaf)」の3つのホテルが含まれています。加えて、人工島「パーム・ジュメイラ (Palm Jumeirah)」に立地する「ジュメイラ・ザビール・サライ (Jumeirah Zabeel Saray：2011年開業)」、ドバイ・クリークにある「ジュメイラ・クリークサイド・ホテル (Jumeirah Creekside Hotel：2012年開業)」といったラインナップを経営・運営しています。他にも近隣のアブダビや、さらにヨーロッパ、アジア、オセアニア、アメリカ大陸と、世界中に展開しています。チェーンには、観光客をターゲットとしたリゾート色が強い施設だけでなく、ビジネスの対応にも力を入れている都市立地の施設も多く存在します。

　また、同チェーンは、わが国のホテル・チェーンでは考えられないような

多様なプロモーションを展開していることも特徴の1つです。

例えば、"The Traveller"と題したプロモーションビデオを制作し、物語形式で世界中のチェーンホテルを紹介しています。そして、このビデオはYouTubeなどを通じて、誰でもいつでも見ることができます。もちろん個々の施設に関する動画も制作し、同様にインターネット上に流しています。

また、各ホテルのオープン時には、莫大な費用を投下して、きわめて規模の大きいイベントも展開しています。

一方で、値引きやクーポンのようなプロモーション手法は限定的であり、高級感を維持することに腐心している様子もうかがえます。そもそも、ブルジュ・アル・アラブの存在自体が、高級感を象徴するまさに「広告塔」という側面も否定できません。

あらゆる媒体に用いられる動画や画像には、「豪華さ」や「尊大さ」よりも、「非現実感」や「非日常感」を前面に出しており、欧米の高級ホテル・チェーンとは一線を画しているのも興味深い点でしょう。

わが国にはまだ進出していないため、日本での知名度は決して高くないジュメイラ・グループですが、創業から20年足らずで世界を代表するホテル・チェーンの1つになっているのは確かです。

第10回 理念なきブランドは続かない

Theme テーマ
ブランド構築のプロセスを理解する
ブランド・イメージ、ブランド・アイデンティティ
ディマーケティング

　コトラーの定義によると、**ブランド**とは「個別の売り手、もしくは売り手集団の財やサービスを識別させ、競合他社の財やサービスと区別するための名称、言葉、記号、シンボル、デザイン、あるいはそれらを組み合わせたもののこと」ということになっています。

　ブランドの大きな特徴として**永続性**があげられます。たとえば、著作権や特許はどんなにそれが強力なものでも必ず期限があります。いつか独占できなくなるものです。しかし、ブランドというものは、人々の心に強烈に刻み込まれたら永久に独占が可能です。コカ・コーラというのが実際1886年に産声を上げましたが、120年が経った今でも世界中の人々に認知されて、世界ブランドとして通用しています。コカ・コーラというものが続く限り、コカ・コーラ・ブランドは永久に独占が可能なのです。

■ブランド・アイデンティティとブランド・イメージ

　よく「ブランド・イメージをいかに伝えるか」という言い方をします。しかし、これは言葉の使い方が間違っています。**ブランド・イメージ**とは企業側から顧客側に伝えるものではなく、**顧客が勝手に考えるもの**なのです。一方、**企業側から伝えるコンセプト**は**ブランド・アイデンティティ**と呼びます。

ブランド・アイデンティティの定義

「商品名やパッケージ・ロゴだけではなく、サービスや組織、従業員などからの連想を含む。そのような重層的な要素を統合して、ブランドとして戦略的に規定すること」。

つまりブランド・アイデンティティは**企業側の規定**なのです。すなわち、企業側としてはブランド・アイデンティティを規定するしかできないのです。そして、その企業側が規定し、発信したメッセージを**顧客が受け取り、勝手に考えたもの**がブランド・イメージです。

> #### ブランド・イメージの定義
> 「ブランド・アイデンティティが顧客との相互コミュニケーションによって顧客の心の中に残るもの」。

顧客が勝手に考えるものが**ブランド・イメージ**ですから、受け取る側の主観に大きく依存するところであって、理屈抜きの絶対的なものです。ですから、いくら**ブランド・アイデンティティ**を規定したからといって、それが必ずしもブランド・イメージとして、顧客の心の中にちゃんと定着することに繋がるわけではありません。だからこそ、企業側としてブランド・アイデンティティをしっかりと戦略的に規定し、効果的なコミュニケーション手段をとらなければならないということになります。

■ブランド構築のプロセス

ブランド・イメージは、その製品そのものだけで形作られるわけではありません。たとえば、企業にも人間と同じように人格があるといわれます。メルセデス・ベンツのようなブランドだったら、企業のトップクラスの方たち向けのような感じがしますよね。ポルシェといったら速く、スポーティーなイメージがあります。さらに、それらを象徴化するような名前、ロゴ、エンブレムなどのシンボルも重要です。こうした製品・組織の人格・シンボルというものに統一感を持たせて、**ブランド・アイデンティティ**を構築し、消費者に対してアピールされます。そうすると、消費者はそれを鏡に映すように、ブランド・イメージを勝手に思い描きます。

企業側はそれをフィードバックしてもらい、規定したブランド・アイデンティティと消費者が抱いたブランド・イメージの間にギャップがあったら、もう

一度練り直さなければいけません。その双方のコミュニケーションによって、確固たるブランドというものが構築されていきます。ですから、ブランド構築というのは、一方的に企業がアピールするのではなく、双方のコミュニケーションが不可欠なのです。

■観光地におけるブランド構築

　観光地におけるブランド構築は、一般の製品を扱う企業よりも大変難しいのです。

　第一に、地域に住む人々の間でのコンセンサスをどう築き上げるかということが難しいことです。地域の人々が共鳴し、誇りを共有できるアイデンティティでなければならないということです。

　たとえば、国家や自治体が観光の**ブランド・アイデンティティ**を規定し、積極的にアピールをしても、地域の人間が「そんなことないのに」と、それを誇りに思わなければ、ブランドとして成立しません。観光客が来たときに「ここは食事がおいしいですよね。私はおいしいものを食べにここに来ました」といっても、「えー？　そんなこと全然ないよ」と街で会った人が言ってしまったら、もうこれでブランド構築はできなくなります。ですから、これは必ず地域に住む人々の間でコンセンサスが取れるものでなければならないのです。

　第二に、シンボルとしての国や都市の名前を変えることはできないということです。旅行会社の海外旅行商品のブランドであれば、ジャルパック社のように「とにかく安く旅行に行きたい！」というお客様のためにアヴァという第2ブランドを作ることによって、第1ブランドのアイルを守るということができます。しかし、国や地域の名前は簡単に変えることができないので、いったんネガティブなイメージがついてしまうと、それを転換するのは非常に難しいことになります。観光客が1つの旅館やおみやげ屋で抱いたイメージがその地域全体のイメージとして定着してしまいます。そしていったんあるイメージがついたら、それを覆すことはなかなかできません。

■ディマーケティング（観光地はお客様を断れない！）

　一般の商品であれば、流通経路やプロモーション形態を検討することでターゲットの客層をある程度選別することが出来ますよね。ですが、観光地の場合は、ライフサイクルの章でも述べたとおり、**未導入期**というのがありますから、プロモーションをしなくてもお客様は来ます。そして、観光地というのは基本的に来るというお客様を断ることが出来ないのです。しかしその観光地を訪れるお客様も含めて観光地のイメージは形成されますから、観光地として来訪を望まないお客様が多く来て、来訪を望むお客様がいやな思いをしてもうその地を訪れなくなってしまったら、本末転倒です。さらに、観光というのは人が訪れるわけですから、どんなに気を使っても必ず環境負荷を伴います。エコツーリズムを振興して逆に環境破壊が進んだという事例が世界で報告されているのは、まさにこの点を見過ごしているからなのです。

　この
　　①観光地のイメージ形成
　　②環境負荷の低減

の2つの側面から、**観光地への入込みを制限すること**も、観光マーケティングでは大切なポイントとなります。

　このように、需要をどんどん増やすのではなく、需要を減退させて適正規模を保持する活動を**ディマーケティング**（Demarketing）といいます。本当にその観光地を心から愛してもらえるお客様にさらに愛し続けてもらえるように、そして未来永劫その観光地が観光地として持続的に発展していくために、戦略的に検討していかなければいけません。

　結局、誰に来てもらうかということを考えるときに重要なのは、アイデンティティの定義です。これは、その観光地の**理念**そのものであり、**ミッション**です。**理念**や**ミッション**が確立していないと、日常の活動でぶれてしまうことになり、それが結局ブランドの弱体化に繋がってしまうのです。これは人生においても同じですよ。目先の甘い言葉にぶれないことの大切さを、皆さんもしっかりとかみ締めてくださいね。

Case Study 1

ケーススタディ ① 国・地域による観光地ブランディング

　世界の国・地域において、観光地ブランディングに対する関心が高まっています。日本においても、昨今の訪日外国人観光客の増加、そして2020年の東京五輪開催の決定を受けて、国や地方自治体では、観光地ブランドを構築・強化し、国内外に発信する動きが急速に高まっています。ネーミングやロゴの開発、多言語ウェブサイトの開設、イメージの訴求、一時的にお得な情報を提供するようなキャンペーンの実施などが見られます。世界の国々において、外国人観光客の獲得競争が展開される中、日本が観光地として選好され、実際の訪日につながることが期待されているため、こうした取り組みはとても大切です。

　国・地域のブランディングの取り組みは、比較的歴史が浅く、1998年のイギリスがはじまりとされています。イギリスの先駆的事例を受けて、韓国、オーストラリア、アメリカなども取り組みだしたといわれています。ひとことでブランディングといっても、その手法は世界共通というわけではなく、国・地域ごとに独自の手法を開発し、推進していることが多いようです。ここでは、イギリスとアメリカの２つの事例を紹介します。

【イギリス】

　イギリスのブランディング戦略は「クールブリタニア」と呼ばれ、ブレア前首相[1]によって推進されました。「クールブリタニア」とは「伝統・保守・旧態依然」というステレオタイプからの脱却を図り、「創造性・革新性・オリジナリティのあるクールで（格好よくて）モダンな国」へとイギリスのイメージを変換させるためのブランディング戦略です。1990年代前半、イギリス国内では、クリエイティブ産業（広告、映画、デザイン等の13分野）が目覚ましい成長を遂げていました。しかし当時のイギリスは、対外的に「旧態依然」「大英帝国」「古臭い」といったイメージが先行していたため、イギリスの製品やサービス

は、品質や芸術性にも乏しいのではないかという認識が深く浸透していました。こうした負のイメージは、クリエイティブ産業振興の妨げとなるため、イメージを戦略的にコントロールする必要があったのです。

政府組織が「イギリスはクールでモダンな国になりました」と世界中にアピールしても、多くの人々は半信半疑でしょう。なるべく多くの人にわかりやすく伝えるために、観光や文化を媒介として情報発信が行われました。

イギリスの観光宣伝を行う上で、3つのブランド・アイデンティティが存在します。①デプス（イギリスの歴史・伝統等の深み）、②バイタリティ（イギリスの躍動感）、③ハート（イギリス人の心）です。コミュニケーションのツール（ウェブサイト、ちらし、パンフレット、イベント等）では、3つの要素が積極的に取り込まれました。

ブレア前首相も来日の際、観光を切り口に「クールブリタニア」について言及しました。「英国には、歴史的・文化的に価値ある建築物や遺産がたくさんあります。これらは、5年後、10年後、20年後も残っているでしょう。一方、今、ロンドンを中心にイギリスは生まれ変わろうとしています。世界各国で活躍していたイギリス人シェフがイギリスに戻り、各国の「味」を融合したモダンブリティシュを生み出しています。世界的なデザイナーも多く輩出し、レストラン、ショップなど相次ぎオープンしています。これから多くのミレニアムの施設[2]も誕生します。こうした新たなカルチャーは「今」しか感じることができません。今、見なければ、永遠に見ることができないかもしれません。ですから、今、イギリスを訪問してほしい」。

【アメリカ】

イギリスのように国家の代表が観光地ブランディングに積極的に関与しなくても、あるいは膨大な予算を使わなくても、ひとりひとりのスタッフがブランド・マニュアルを徹底的に理解し、それを実行することによって、ブランディングの推進は可能です。その例がアメリカです。

Case Study 1　国・地域による観光地ブランディング

　　アメリカ西海岸に位置するカリフォルニア州は、全米屈指の観光立国ならぬ観光立「州」です。日本とほぼ同じ広さの国土には、ロサンゼルス、ハリウッド、サンフランシスコ、シリコンバレー、ディズニーランド、ヨセミテ国立公園など世界に名だたる観光資源が存在しています。アメリカ本土の中では、最も多くの日本人観光客が訪れる州です。そのカリフォルニア州のブランディングの特徴は、「5つの体験ブランド」と「5感ブランド」です。

　　「5つの体験ブランド」は、世界の競合国・地域と比較した場合、カリフォルニアの強みを象徴する要素です。①フード&ドリンク、②アウトドアと冒険、③家族旅行、④カルチャーとエンターテインメント、⑤ワンランク上の贅沢の5つです。

　　新たなマーケティング事業を考案する場合、これらの5つの中から少なくとも1つの体験事業を組み込むことが前提となります。したがって、カリフォルニア州観光局は、これら5つの体験ブランドを具現化するために、それぞれの分野の関連企業との連携を積極的に推進しています。たとえば、「フード&ドリンク」ではワインメーカー、オレンジやレモンなどのフルーツ輸入業者、アーモンドやピスタチオなどの食品メーカーとの提携は欠かせません。また「アウトドアと冒険」では、たとえば、アウトドア関連メーカーやミネラルウォーターの輸入会社は重要なパートナーになります。このように、それぞれの体験を具現化し、その体験を実現できる観光地として、カリフォルニア州が紹介されているのです。

　　もう1つのブランディング戦略が「5感ブランド」の導入です。カリフォルニアの記憶を残すために、視覚や聴覚だけではなく、嗅覚や味覚や触覚も刺激しながらカリフォルニアを訴求する手法です。大型イベント(世界旅行博覧会、セミナー、屋外イベントなど)で特に効果を発揮します。こうした場所では、「嗅覚」を刺激する手段として、香りの強いカリフォルニア産のオレンジやレモンなどがディスプレーされます。味覚を感じてもらうためには、カリフォルニアの新鮮な食材(チーズ、ワイン、ナッツなど)のサンプリングが行われます。

また、世界各国の観光地が出展する大型の世界旅行博覧会の場合、カリフォルニア州の展示スペースには重厚感のあるふかふかの白いじゅうたんが敷かれます。もちろん、競合のデスティネーションとの差別化を図るだけではなく、来場者が展示スペースに足を踏み入れた瞬間に、カリフォルニア州の豊かな大地を想起してもらえるように考えられています。

こうした取り組みは、決して一過性ではなく、全世界のカリフォルニア州観光局のスタッフによって継続的に実行されているのです。

イギリスとアメリカのブランディング戦略（例）

	イギリス	米　国（カリフォルニア州）
プロダクト	ロンドン、イングランド、スコットランド、ウェールズ	カリフォルニア州
USP（ユニーク・セリング・ポイント）	歴史・文化遺産、英国式庭園、ロンドン、ショッピング、文学・音楽・映画・小説・キャラクター等ゆかりの土地、スポーツ（プレミアリーグ等）、ファッション、アート＆カルチャー、紅茶、アフタヌーンティー、ウィスキー、ビール、貴族の館など	ロサンゼルス、サンフランシスコ、シリコンバレー、ハリウッド、ビバリーヒルズ、ヨセミテ国立公園、ディズニーランド、ユニバーサルスタジオ、青い空と太陽、青い海（ビーチ）、開放感、大自然の絶景、カリフォルニアワインと料理など
ブランディング	「クールブリタニア」 ▼ ブランド・アイデンティティ ①デプス（歴史的深み） ②バイタリティ（躍動感） ③ハート（イギリス人の心） ▼ あらかじめターゲットされたカスタマー	体験ブランド ①フード＆ドリンク ②アウトドアと冒険 ③家族旅行 ④カルチャーとエンターテインメント ⑤ワンランク上の贅沢 ▼ イベントの場合、5感ブランド ▼ あらかじめターゲットされたカスタマー

1) 1997年に政権に就いた労働党トニー・ブレア首相。2007年解散。
2) 英国政府が40億ポンド（約8兆円）を投資した「ミレニアム・プロジェクト」。クールでモダンな未来の姿をイメージした創造的・革新的なアトラクションの数々を英国全土に建設。世界最大級の観覧車ロンドンアイ、世界最大の屋内施設ミレニアムドーム等。

Case Study 2

ケーススタディ❷ スターウッドのブランディング

(1) スターウッドの歴史

　現在、世界最大級のホテル・チェーンの1つとなっているスターウッド・ホテルズ・アンド・リゾーツ・ワールドワイド（Starwood Hotels & Resorts Worldwide：以下「スターウッド」）の歴史は、創業者のバリー・S・スターンリヒトが、複数の投資家の資金をもとにスターウッド・キャピタル・パートナーズ（Starwood Capital Partners：以下「スターウッド・キャピタル」）を1991年にシカゴに設立したことに遡ります。1993年にスターウッド・キャピタルは最初のホテルを購入しましたが、1994年までに30軒以上の物件の株式を保有することになりました。

　スターウッドが脚光を浴びるようになったのは、1997年のことです。同年9月、ウェスティン・ホテルズ&リゾーツを18億ドルで買収することに合意したと発表しましたが、さらに同年10月には、ヒルトンの敵対的買収に対するホワイト・ナイト（敵対的買収を仕掛けてきた相手から守る意味で友好的に買収を行う主体のこと）として、ITTシェラトン・コーポレーションを143億ドルで買収することに合意したと発表しました。これによりスターウッドはグローバルな企業として存在感を増すことになりました。

　1998年1月、スターウッドはウェスティン・ホテルズ&リゾーツの買収を完了し、続いて翌2月にはITTシェラトン・コーポレーションの買収も完了しました。そして同年12月、自社開発のデザイン・ホテルである新ブランドのWもニューヨークに開業するに至りました。

　1998年12月、ニューヨークのマンハッタン、レキシントンアベニュー 49丁目にあったDoral Innホテルを、新たにWホテルとして転換させたのがWブランドの最初です。初期のWホテルは、スターウッド・グループ内で、既存のホテルを改装してブランド転換したものが多くありました。

　名前の由来はWhatever/Whenever（お望みの物を／お望みの時に）

という経営理念からきています。Wホテルのコンセプトを編み出したのは、スターウッドCEOのスターンリヒト本人だったということです。対象とする市場セグメントは、若いがそれなりに裕福で、かつデザインにこだわりを持つ個人客です。

　2005年11月にはル・メリディアンをスターウッドのブランドに加え、さらにホテル・チェーンの規模を拡大しました。メリディアンはもともと、1972年にフランスの航空会社エールフランスが設立したチェーンです。軒数はそれほど多かったわけではありませんが、各国の一等地にやや規模の大きい施設を持っていました。

　他のブランドには、以下のものがあります。

　セントレジスは、1900年代初頭に、ニューヨークの大富豪であったアスター家の当主、ジョン・ジェイコブ・アスターⅣ世が創業した高級ホテルを端緒とするブランドです。1960年にITTシェラトンに買収されていました。

　ラグジュアリー・コレクションは、王侯貴族が所有していた歴史ある建物や、建物自体の美しさ、インテリアの豪華さなどに特徴のあるブランドです。

　他に、スターウッドの新ブランドとして、2006年にアロフトが、2008年にエレメントが誕生しています。

(2) スターウッドのブランディング

　シェラトンとウェスティンを買収して巨大なホテル・チェーンとなった背景には、航空会社などで普及している会員制組織（フリークエント・ビジネス・プログラム）の拡大と充実が、顧客獲得への近道と結論づけたことにあります。顧客を獲得するためには世界中に自社のホテルが必要となり、そのためにもシェラトンとウェスティンの買収は不可欠だったのです。

　また、多様なホテルをチェーン内に揃えたことによって、地理的のみならず価格帯においても範囲の経済を享受することが可能になりました。そして、各施設の特性が顧客にもわかりやすくなるように、チェーン内でブランドの

Case Study 2　スターウッドのブランディング

組み換えを行ったり、ブランドの開発をしたりしています。

　多くのブランドを傘下に抱えているので、当然ブランドごとに対象市場セグメントは異なっています。価格帯としては、

- セントレジス
- ラグジュアリー・コレクション
- W
- ウェスティン

あたりまでを高級、

- ル・メリディアン
- シェラトン

が中級、

- アロフト
- エレメント
- フォーポイント

が低価格とされていますが、第3回ケーススタディ③で説明したように、世界的なホテル分類として標準的な5段階の分類を適用するならば、

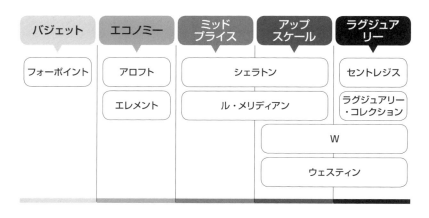

になると思われます。

この中ではWがデザイン性に重点を置くなど、既存の高級ホテルとは異なる方向性を志向している点が注目されます。
　この例に代表されるように、スターウッドとしては価格帯での分類のみならず、ライフスタイル分類も取り入れつつあるということで、今後の展開が興味深いところです。

(3) 追記：スターウッドの将来

　本稿の執筆中に、とんでもないニュースが飛び込んできました。スターウッドとともに、世界的なホテル・チェーンであるBig5と呼ばれる5大チェーンの一角を占めるマリオット・インターナショナルが、1兆5千億円でスターウッドを買収することになったのです。
　この合併は成功し、世界中に6,000近いホテルを展開する一大ホテル・チェーンが誕生しましたが、一方で気になるのは、その後のブランド展開です。マリオットも多くのブランドを傘下に抱えていましたから、現在のスターウッドにあるブランドが残るのか消えるのかは、是非とも注目したいところです。

Case Study 3

ケーススタディ ❸ JALのリブランディング

　JALは2009年に経営破たんしました。破たん後はあらゆる分野で破たん前とは異なる新しい試みがなされていますが、プロモーションとブランディングの分野でも大きな違いがみられました。

　経営破たんまでの経緯を見てみますと、1996年から新規航空会社の参入が認められるようになり、スカイマークエアラインズ、エアドゥが大手航空会社よりも圧倒的に安い運賃で市場に参入してきました。それを受けて、2000年に国内線運賃の実質的な自由化が行われました。そして、それ以来、単価が下がり続け、競争が激化しました。

　当初は、スカイマーク便が飛んでいる時刻と同時刻に離発着する便に関しては、大手航空会社も値段を合わせて対応していましたが、国土交通省から、大手航空会社は新規航空会社の設定する運賃を下回る運賃を提示してはならないという指導があったこともあり、過度な価格競争に一定の歯止めがかかりました。

　そのような環境の中、JALは、安売り競争ばかりしていたのでは強みを生かせないということから、より高級感を訴えていくブランド構築の方向に舵を切りました。それをふまえ、2007年12月、国際線にビジネスクラスとエコノミークラスの中間に位置するプレミアムエコノミーを、国内線ではより高級感あふれるファーストクラスを相次いで導入しました。2008年8月には国際線のビジネスクラスに、シェルフラットシートと銘打った新たなフルフラットシートを導入しました。

　しかし、経営陣が考えたブランド・アイデンティティ構築とは裏腹に、広告宣伝には、明石家さんまを投入して親しみやすさを前面に出したり、藤原紀香を投入してピンクレディーのコミカルな振り付けで強い印象を残したりして、安い運賃の告知をしていました。テレビをつけたらJALは安さを訴えているわけですから、高級感など伝わるはずはありません。このような戦略のち

ぐはぐさも、JALが経営破たんをした一要因であると考えられます。

　経営破たん後、JALはブランドの再構築、すなわちリブランディングを行いました。経営破たん直後は、破たん前のようなちぐはぐさもなく、ブランド・アイデンティティに沿った広告宣伝が行われています。JALの高級感あふれる印象が一番強かった1990年代に、ジャネット・ジャクソンや大勢の力士たちを使ってインパクトが強かった「只今JALで移動中」のシリーズを復活させ、世界的な指揮者の佐渡裕やサッカー選手の長谷部誠、フィギュアスケートの浅田真央など、夢を追い求めて世界で活躍する日本人を取り上げ、ブランド・アイデンティティに沿ったCMを展開しています。

　また、イメージ広告だけでなく、具体的な商品の説明をするCMも、会社の部長に扮した阿部寛が新しいビジネスクラスシートの快適性を伝え、部下役がシートピッチの広がったエコノミークラスを告知しています。安い運賃の「先得」を宣伝するときも、嵐を使って、北海道の雄大で特徴ある自然風景をバックに付加価値を謳っています。

　ブランドというものは第1章で説明した4P、すなわちプロダクト、プライス、プレイス、プロモーションに共通してストーリーを伝えていかなければ、顧客に思い通りのイメージを植え付けることはできないのです。

JALの新しいプレミアムエコノミーシート

第11回 やっぱり大切にしたい、長〜い関係

Theme テーマ
カスタマー・リレーションシップ・マネジメント(CRM)
リレーションシップ・マーケティング
データベース・マーケティング、ワン・トゥ・ワン・マーケティング
マス・カスタマイゼーション

　プロモーションによって商品に興味を持ったお客様に商品を購入してもらい"本当の顧客"になってもらうためには、また、さらに1回の購入からリピーターになってもらうためにはどうすればいいのでしょう。

　新規顧客の開拓はもちろん重要ですが、永遠に新規顧客を開拓していくことは不可能ですし、新規顧客を獲得するためには既存顧客を維持する場合の4〜5倍ものコストが掛かるといわれています。

　そこで、興味を持ってくれた見込客や一度自社商品を購入してくれた既存顧客をいかに増やしてリピーターにできるかが重要になります。その時に覚えておきたいのが、**カスタマー・リレーションシップ・マネジメント**（以下**CRM**）という考え方です。

　CRMとは、興味をもってくれた見込客を自社のお客様にし、一度商品やサービスを購入してくれたお客様とは取引を長く継続させることを目的としたもので、そのために企業とお客様との良好な関係を築き上げるような顧客管理を行うこといいます。そして、こうしたお客様と企業の関係性を重視したマーケティングを**リレーションシップ・マーケティング**といいます。1回ごとの取引で個々の利益を考えるより、お客様に長く利用してもらうことで全体の利益を増やすことを重視するライフタイム・バリュー[1]という考え方です。

　企業と消費者の関係は、通常、商品やサービスを購入した際に生じるものですが、単に広告や販売促進のプロモーションを行って消費者が買ってくれるのを待っていたのでは、マーケティングは十分とはいえません。その

商品を欲しい時期や好み、購入頻度などは消費者によって千差万別なのです。けれども、お客様の特性をつかむにはお客様の年齢や居住地、職業、趣味、過去の購入履歴など把握し、それをデータベース化していくことが必要になります。つまり、こうしたお客様1人1人の属性から購入履歴、場合によってはクレームが寄せられた内容などを管理し、マーケティングに役立つ情報とすることが**CRM**、この顧客情報を活かしお客様に合った情報を提供することでお客様にも喜んでいただくのが**リレーションシップ・マーケティング**なのです。

例えば、航空会社の割引運賃のマーケティングで、"もうすぐ春ですね。割引運賃を使って旅行に出掛けませんか"というTVコマーシャルは不特定多数に向けた広告ですが、"もうすぐ誕生日ですね。あなたにバースデー割引を実施します"というダイレクトメールはリレーションシップ・マーケティングです。リレーションシップ・マーケティングが一方的に送りつけられるダイレクトメールと違うのは、お客様に合った情報を提供することでお客様にもメリットがあるところです。FFP[2)]と呼ばれる航空会社のマイレージサービスや、百貨店の会員限定の婦人服バーゲンセール案内などもこれにあたります。

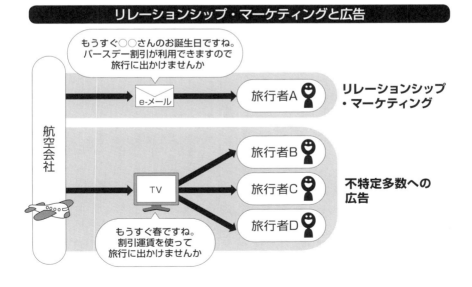

また、中でも、この顧客情報をデータベース化して利用することに重点を置いたマーケティング手法を**データベース・マーケティング**と呼びます。通信販売などの申し込みの電話で、自分の電話番号を伝えた途端に「○○様、いつもご利用ありがとうございます」と言われたことはありませんか。最近では宅配便の集荷依頼の電話でも、電話番号を伝えただけで「××区△△町1丁目の○○様ですね」とすぐに認識してくれます。一度でも利用してくれたお客様の情報をすべてデータベース化しているのです。

しかし、通常、店先で商品を購入するのに私たちはいちいち名前や住所などをお店の人に伝えることはありません。したがって、データベース・マーケティングが可能となるのは多くの場合、ダイレクトセール[3]とかダイレクト・マーケティング[4]と呼ばれる直接販売の形態です。ダイレクト・マーケティングでは、電話やFAX、インターネットなどで商品を購入するため、最低でも名前、住所、電話番号などを企業に伝える必要があります。こうした情報に購入履歴などを加えて顧客情報としてデータベース化しているのです。

大量生産による画一的な商品がどんどん売れた時代はすでに終わりを告げ、消費者は本当に自分の好みに合った商品を求めています。しかし、だからといって、好みに合った商品を1つ1つオーダーメイドしていたのでは、時間的にも価格的にも消費者や企業に大きな負担となります。そこでCRMを利用したマーケティングの1つに**ワン・トゥ・ワン・マーケティング**（One to One Marketing）があります。

ワン・トゥ・ワン・マーケティングとは、CRMでデータベース化されたお客様の好みや購入履歴を元に、そのお客様に最も好まれそうな商品を提案するもので、企業がまるでお客様に一対一で接しているように感じられることから**ワン・トゥ・ワン・マーケティング**といい、リレーションシップ・マーケティングの中の1つの手法と考えられます。たとえば書店のオンライン販売では、お客様の購入履歴に応じて購入頻度の高い分野の書籍案内だけをeメールで案内することもあります。

旅行会社の例でワン・トゥ・ワン・マーケティングを考えてみましょう。Aさんはよく B 旅行社を使って旅行をします。3 年前の 7 月にハワイに、12 月には北海道へ出掛けました。一昨年は 8 月に沖縄、1 月にグアムへ行っています。また、昨年は 8 月にプーケット、12 月に京都に旅行したようです。こうした旅行履歴から見ると、Aさんは夏と冬の年 2 回旅行を楽しんでいることがわかります。また、海外旅行ではビーチリゾートによく出掛けていることもわかります。この場合、B 旅行社が取るべきリレーションシップ・マーケティングとしては、「夏と冬の少し前に旅行の案内をする」、「海外旅行は特にビーチリゾートを中心に案内する」、といったことが考えられます。こうしたAさんにぴったりの提案をAさんだけにするのがワン・トゥ・ワン・マーケティングなのです。

旅行会社のワン・トゥ・ワン・マーケティング

B旅行社の利用履歴

3年前	一昨年	昨年
7月　ハワイ	8月　沖縄	8月　プーケット
12月　北海道	1月　グアム	12月　京都

B旅行社 ← **AさんのB旅行社利用** ― Aさん
B旅行社 → **B旅行社のAさんへの働きかけ** → Aさん

夏・冬2回の案内
国内・海外ツアー（特にビーチリゾート）の案内

　ワン・トゥ・ワン・マーケティングでは、**マス・カスタマイゼーション**というオーダーメイドとレディメイドの中間に位置する考え方も重要です。つまり、お客様の好みのモノを最初からつくり上げるのではなく、大量生産したパーツをお客様が選んで組み合わせることで好みの商品をつくり、個人仕様でありながら時間的にも価格的にもスケールメリットのあるものにすることです。DELLなどのコンピュータや自動車、Tシャツなどの例があります。

先生、旅行商品だとダイナミック・パッケージが**マス・カスタマイゼーション**ですか？

旅美

先生

いいケースを思い出しましたね。その通り、ダイナミック・パッケージはまさしく**マス・カスタマイゼーション**の商品です。

　ダイナミック・パッケージとは、航空機やホテル、送迎の有無などを選んで自分仕様の旅行をつくるタイプの旅行で、多くはインターネットのウェブサイトから申し込みをします。

　お客様が選択するという意味では手配旅行[5]とよく似ているのですが、手配旅行はお客様がホテルや航空会社、便名などを指定して旅行会社はその通りの手配だけを行う形態で、旅行会社の手配ミスは別として、思った部屋が取れていなかったといった不測の事態もお客様の責任として対処しなければなりません。

　一方、ダイナミック・パッケージというのはあくまでパッケージツアー（募集型企画旅行[6]）ですから、こうした不測の事態や旅行中の事故などには、旅行会社に旅程保証と特別補償の責任があります。ダイナミック・パッケージはあくまで企画旅行の一種と考えられているのです。つまり、航空会社やホテルなどのパーツを選んで組み立てるのはお客様でも、1つ1つのパーツ自体は旅行会社がスケールメリットを活かして仕入れをし、企画したものだということです。ですから、ダイナミック・パッケージはまさしくマス・カスタマイゼーションの商品といえます。

　けれども、旅行商品の場合、ダイナミック・パッケージだけでなくフリープラン型のパッケージツアーも、実際は**マス・カスタマイゼーション**に近いものが多いのです。パッケージツアーというと自由がきかないイメージが強いのですが、たとえば、ルックJTBのハワイのフリープラン型のパンフレット1冊の中には、航空会社の選択からホテルの部屋の選択など約

5,000通りの組み合わせが存在します。この選択肢の多さとその組み合わせがあれば、多くのお客様はパッケージツアーの低予算で自分仕様の旅行をつくり上げることができます。スケールメリットとオーダーメイドの満足を実現するマス・カスタマイゼーションの商品ならではといえます。

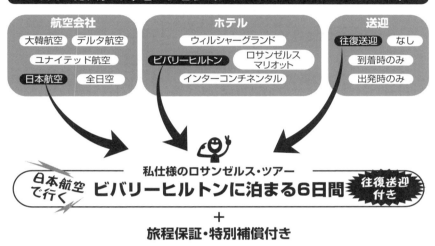

1）生涯顧客価値ともいう。1人の顧客が生涯を通じてその企業にもたらす利益や価値。
2）Frequent Flyers Programの略。航空会社が、顧客に自社や提携会社をできるだけ利用してもらうため、利用頻度や距離に応じてさまざまな特典やサービスを用意する制度。利用距離（マイル）に応じたサービスのためマイレージ・サービスとも呼ばれる。
3）第5回参照。
4）第5回参照。
5）第1回ケーススタディ①参照。
6）第1回ケーススタディ①参照。

Case Study 1

ケーススタディ ❶ クラブツーリズムのケース

　お客様と企業の関係性を重視し、長く利用してもらうことで全体の利益を増やすライフタイム・バリューを考えていくマーケティングが**リレーションシップ・マーケティング**ですが、企業がお客様との良い関係を築き上げそれを維持していくのは、顧客情報を管理して企業が一方的にメッセージを送るだけが方法ではありません。お客様に企画や運営にまで参加をしてもらい、企業や商品にロイヤルティを持ってもらってお客様との良い関係を作ろうという**リレーションシップ・マーケティング**を行っているのが、旅行会社のクラブツーリズムです。

　クラブツーリズムは、主にダイレクトセールのパッケージツアーを扱う会社で、国内外のパッケージツアーを企画から旅行者の募集、販売、ツアーの運営までを自社で行っており、一般の旅行会社を通じた販売はしていません。この会社の他と違う特徴は、旅行会社のスタッフだけがツアーの企画を行うのではなく、お客様参加型の商品企画を行っているところにあります。

■さまざまな「クラブ」の提供

　企画へのお客様参加形態の1つは、会社名が表す通り「クラブ」です。クラブツーリズムはお客様に旅行を提供するだけでなく、一緒に旅行をする仲間を見つける場所も提供しています。旅行の楽しみの1つに旅先での人との出会いやふれあいがありますが、それは旅先で出会った地元の人だけでなく一緒に旅行をする同行者とのコミュニケーションもまた旅の重要な要素となります。そして、同行者はなるべく自分とシンパシーを感じられる人であればより楽しい旅ができるというわけです。

　クラブの種類は多様で、同じ趣味を持つ人のクラブ『写真大好き』や『歴史街道を歩く会』、『美食探訪倶楽部』もあれば、世代が同じ人のク

ラブ『エイジ60』、健康づくりを目的とした『めざせ100万歩！』など、現在クラブツーリズムには約250ものクラブがあります。これらのクラブは定期的に会合を開いたり、会報誌を発行したり、講師を招いて勉強会などを行っており、機が熟せば、もちろんそれぞれのテーマで同好の仲間と旅行へ出掛けています。お客様はこうしたクラブに所属することで同好の仲間で旅行を楽しめるのはもちろん、「今度は桜の写真を撮りに行こう」など旅行の企画にも参加することができます。そうすることでクラブツーリズムへのロイヤルティや帰属意識が高くなり、企業とお客様との良い関係を保つことができるのです。

出典：クラブツーリズムのウェブサイトより。

■お客様が添乗員？

クラブツーリズムの企画へのお客様参加形態の2つ目は、「フェロー・フレンドリー・スタッフ」と呼ばれるお客様がツアーの添乗員を務める制度です。クラブツーリズムのお客様には50〜70歳代の熟年層が多いのですが、同世代のお客様に添乗員を務めてもらうことで、話題や価値観が共有できたり、お客様の視点から考えたサービスができたりと、参加者には好評のようです。また、添乗員を務めるお客様にとっても退職後のやりがいとなることが多く一石二鳥の制度となっています。もちろん、添乗業務を行うにあたっては旅程管理という資格が必要ですから、お客様は研

Case Study 1　クラブツーリズムのケース

修を受け、資格を取得してから実際の添乗業務につきます。

■お客様がパンフレットをお届け

　そして、お客様参加形態の3つ目は「エコースタッフ」と呼ばれる会報誌の配達スタッフです。クラブツーリズムの販売の基本はダイレクトセールですから、お客様と定期的にコンタクトを取るため、毎月、旅行情報を載せた会報誌『旅の友』を発行しています。そして、この『旅の友』をお客様の自宅へ届けるのが「エコースタッフ」です。配送するエリアは、原則的に自宅から半径1～2キロの範囲に限られており、自転車か徒歩で配達します。これは、単に会報誌を届けるだけでなく、「エコースタッフ」となったお客様の健康づくりや仲間づくりも目的としているからです。現在、全国に約7,000名もの「エコースタッフ」がいて、お小遣い稼ぎと健康づくりができると評判のようです。

　こうして、クラブツーリズムでは、旅行の企画から会報の配達、添乗などにお客様に参加してもらうことで、お客様のクラブツーリズムへのロイヤリティや帰属意識を高め、**リレーションシップ・マーケティング**に役立てているのです。

フェローフレンドリースタッフ制度

講習を受ける

添乗員として活躍

Case Study 2

ケーススタディ❷ マイレージの進化

　旅行で航空機を利用した際に、「マイレージ」という言葉を聞いたことがあると思います。「マイレージ」とは、航空会社が実施しているプログラムで、頻繁に利用されているお客様に対してその搭乗距離に応じて特典を提供するものです。FFP（フリークエント・フライヤーズ・プログラム）とも呼ばれています。

　航空業界はもともとアメリカが主導でルールを決めていますが、アメリカはいまだに度量衡がメートル法ではないのです。距離はキロメートルではなく、マイルを使います。なので、搭乗距離をマイルで測るのです。例えば、東京＝大阪間は280マイル、東京＝ロンドン間は6,214マイルといった感じです。

　今では距離に関係なく、ポイントが貯まることをマイルが貯まるといったりしますので、このマイルという言葉がポイント単位のように認識されるようになりました。

　貯まったマイルは国内線・国際線の無料往復航空券（特典航空券）や上級クラスへのアップグレード券、商品券、電子マネーなどの特典と交換することができます。例えば、エコノミークラスでは日本からハワイへは40,000マイル、ヨーロッパへは55,000マイルで無料航空券と交換できます。アップグレードに関しては、ハワイへは20,000マイル、ヨーロッパへは27,500マイルでエコノミークラスからビジネスクラスにアップグレードしてもらえます。

　また、さらに利用頻度の多い上顧客に対しては、予約の際に満席だった時にも優先的にキャンセル待ちをかけてもらえ、空港では専用チェックインカウンターやラウンジが利用できます。このようなプレミアムを付与することにより、リピーターになってもらうことを目指しています。

　一方、マイレージプログラムは、頻繁に航空機を利用する人以外にも参加しやすい環境が整っています。クレジットカード機能がなく、航空機の利用のみでマイルを貯めるカードだけでなく、クレジットカードと一体型となって、

クレジットカードの利用ポイントもマイルとして貯めていくものも多くの会員を集めています。このように航空機に乗らなくても、クレジットカード利用だけでマイルを貯めていく人のことを「陸（おか）マイラー」などと呼ぶこともあります。

マイレージプログラムは、顧客情報がすべて入手できるだけでなく、搭乗履歴もすべて蓄積されます。ビッグデータの活用ができるようになってきたので、現在では航空会社はその搭乗履歴を分析してマーケティングデータとして活用するようになっています。さらに、搭乗履歴から分析して、特定便を利用したらラウンジのサービスを行うキャンペーンを該当旅客に対してダイレクトメールで知らせるといった取り組みもなされています。

このような取り組みが、航空会社のCRMであり、ワン・トゥー・ワン・マーケティングなのです。限られたキャンペーン原資を効果的に使用するために、マイレージプログラムが活かされています。

Case Study 3

ケーススタディ ❸ 旅館のケース

　旅館は、わが国固有の宿泊施設であり、日本文化の粋ともいえる存在です。

　ゆったりとした畳敷きの和室に滞在し、華麗なる和食に舌鼓を打ち、温泉で日頃の疲れを癒す……このような宿泊施設は、世界中を見渡しても他に例がありません。畳にしても、布団にしても、職人たちが長年にわたって技を受け継いで洗練に洗練を重ねてきたものです。和食に至ってはその素材、調理技術のみならず、調理に必要な道具類、できた料理を盛る食器、箸の存在など、世界的に見ても類例のないすばらしい文化であるといえます。事実、2013年に和食は、ユネスコの世界無形文化遺産にも登録されました。

　しかし、こうした旅館は現在、減少の一途をたどっています。第3回ケーススタディ3でも述べたとおり、戦後、観光の大衆化とともに旅館は増加し、軒数は1980年の83,226軒、客室総数は1987年の1,027,536室というピークを迎えましたが、2013年には軒数が43,363軒、客室総数が735,271室と、ピーク時の半分から7割程度にまで落ち込んでいるのが現状です。

　その原因には、さまざまなものが考えられます。人々のライフスタイルが変化したことから、和風よりも洋風の宿泊がより好まれるようになった、あるいは同じ部屋でのくつろぎ、食事、就寝というスタイルも時代遅れになってしまった、という顧客ニーズの変化によるものもあるでしょう。また、団体旅行が激減し、個人旅行が増加したが、そのスタイルの変化に対応できなかったといったものも挙げられています。

　ところが、多くの旅館が消えていく一方で、急成長している旅館チェーンも存在します。

　東京のお台場でスタートした「大江戸温泉物語」は、2003年に創業後、2007年から旅館再生ビジネスを手がけ、2018年現在、40軒近い施設を日本中に展開するわが国有数の旅館チェーンとなりました。その多くは、破綻した施設を買収し、リノベーションをするなどして再生した施設です。同社が

運営する施設には、かつて社員旅行などを中心とした団体旅行に強い大型旅館だったが、市場環境の変化によって個人客のニーズに応えきれず、潰れてしまったところが多く含まれています。そういった施設を同社が再生するにあたっては、一見、低価格化ばかりに注目が集まりがちですが、実際には個人客を掘り起こすために、マーケティング戦略全般を見直しています。

大江戸温泉物語グループが再生した山代温泉を代表する旅館：「山下家」

　例えば、夕食・朝食ともにブッフェ・スタイル（バイキング）を導入していますが、これはコスト削減が主眼なのではありません。大型旅館を埋めるためには、老若男女問わずターゲットにしなければなりませんが、どのお客様にも過不足なく食事を提供するための「有力な武器」なのです。サービスでも、大浴場の更衣室で、床に水気が残ったりしないよう、頻繁な清掃を心がけています。

　そして、これまでの旅館がほとんど行っていなかったコミュニケーション戦術が、会員制度の導入と、その活用です。

　同社には、「いいふろ会員」という会員システムがあります。簡単に入会でき、割引や特典などの、さまざまなクーポンが提供されるものです。このクーポンはいずれも、次回の利用時に使用可能となっています。そのため、リピーターの獲得に有効になっていると想像できます。

Case Study 3　旅館のケース

　ただし、旅館にはなかなか「リピーター」という存在が生じにくいという側面があるのも確かです。非日常を求めてゆっくり過ごすために行くはずの旅館に何度もリピートしていると、非日常感が薄れ、だんだんと日常に近い気持ちになってしまう顧客もいるからです。

　ところが、同社の施設は、例えば首都圏から2〜3時間圏内のところ、すなわち、多くの顧客が比較的気軽に行け、かつ非日常感を味わえる場所に複数存在しています。実際、東京を基点に考えると、「那須塩原 かもしか荘」、「ホテルニュー塩原」、「ホテル鬼怒川御苑」、「鬼怒川観光ホテル」、「日光霧降」、「伊香保」、「君津の森」、「石和温泉 ホテル新光」、「鹿教湯藤館・桜館」、「あたみ」、「熱海伊豆山ホテル水葉亭」、「伊東 ホテルニュー岡部」、「土肥マリンホテル」が該当します。2カ月に1軒ずつ泊まったとしても、すべて泊まるのに2年かかることになります。

　こうして、施設ごとでのリピートのみならず、企業としてリピートしてもらうような関係性マネジメントを行うことで、顧客の囲い込みに成功しているという側面も同社の躍進には大きく寄与しています。

　あるいは、まったく逆の方向性を志向している施設もあります。新潟県の妙高高原からほど近い、関温泉にある「うぐいすの初音」は、客室数わずか4室のみの小規模な旅館です。小粒ではありますが、2015年の「プロが選ぶ・日本のホテル旅館100選　日本の小宿 選考審査委員会特別賞」を受賞しています。同館はその規模を活かして、リピーターのお客様の顔と名前はほぼ一致していますし、食事や部屋の好みを把握しているなど、細やかな関係性のマネジメントが垣間見られます。まさに、ワン・トゥ・ワン・マーケティングがなされている好例といえるでしょう。

　そして、さらに異なる方向性としては、より広範なネットワークによる顧客との関係も存在します。

　フランスに本部のあるRelais & Châteauxというコンソーシアムは、フランス発祥ですが、日本では8軒の旅館が加盟しています（2018年現在）。い

ずれの施設も、その土地の良さを存分に表現している施設であり、その点が同コンソーシアムへの加盟のポイントになっています。

このコンソーシアムは、各施設の「オーナーの顔が見える」ことを基本としており、各施設の規模は小さいものとなっています。そして、各オーナーが話し合って方針を決めるなどしていることもあり、オーナー同士もとてもいい関係です。そのため、各オーナーは、コンソーシアムに加盟している他の施設を紹介することにも積極的です。結果として、同コンソーシアムのファンとなった顧客は、どこに行くにも加盟施設を考慮に入れることになります。

Relais & Châteauxに加盟している扉温泉・明神館

これは言い換えれば、顧客とコンソーシアムとの関係性が、各加盟施設との関係性にも敷衍されているということでしょう。各加盟施設は、世界中にファンを持っているのと同様の効果につながっているわけです。

いずれにせよ、リレーションシップ：関係性に関する議論は、かつては「良好な関係」を多くの顧客と結ぶこととされていた時代もありましたが、最近では、標的とする市場セグメントごとに関係性マネジメントの方向性を変えることも視野に入れるように変化してきています。

旅館もそれに合わせて、近隣→地域→日本全国→全世界と、その関係性マネジメントの対象を広げる必要に迫られつつあるといえるでしょう。

Case Study 4

ケーススタディ ❹ 政府観光局のケース

　カスタマー・リレーションシップ・マーケティング（CRM）は、日本語では関係性マーケティングと呼ばれたり、単にリレーションシップ・マーケティングと呼ばれたりします。製品やサービスをはじめて購入したお客様に対して、次も繰り返し購入してもらうために生涯顧客としてデータ管理する手法です。

　製品やサービスが右肩上がりで売れる時代には、リピーターより新規のお客様が重視される傾向があります。しかし、売れにくい時代には、企業や組織は、経費や手間をなるべくかけず、いかに効率的・効果的に販売するかを考えるようになります。海外旅行ビジネスも同じです。日本からの海外旅行者数も減少傾向が続き、航空座席供給数の減少、少子高齢化の影響もあり、見通しは決して明るくはありません。

　こうした中、航空会社や旅行会社は取扱人数だけではなく、むしろ顧客シェア（1人のお客様から得られるコスト）を増やすことを考えるようになり、CRMに注目するようになったのです。新規顧客の獲得コストは、既存顧客と比べて3倍も多くかかります。

　フランス、シンガポール、イギリスといった世界の観光立国[1]は、早い段階からCRMに注目し、事業の一環として積極的に活用していました。一度その国を訪れた観光客にリピーターとして、繰り返し訪問してもらいたいと考えるのは、民間企業がリピーターを重視することと何ら変わりはありません。加えてリピーターは、大都市だけではなく地方都市をも観光する可能性が高いといわれているので、観光を通じた地域活性化を図る国・地域には重要です。

　海外への渡航者人数が頭打ちである一方、南米、アフリカ等の競合デスティネーションが、次々日本でも紹介されるようになりました。

　また、レジャーの選択肢も海外旅行だけではなく、国内レジャー施設、国内旅行など多様化するようになってきており、国内のデスティネーションでも、熾烈な観光客の争奪合戦が繰り広げられるようになりました。

政府観光局によって推進されるCRMは、大きく3つのステージに分けることができます。まずは、新規会員の獲得です。メルマガ会員だけではなく、フェイスブック、ツイッター等のSNSも有効に活用することによって、将来的に自国のファンとなってくれる新規会員を増やすことが可能です。

　2つめは、会員とのコミュニケーションです。どんなに会員が増えても、コミュニケーションを行わなければ、全く意味がありません。定期的に会員のニーズに合致するような最新のニュースを配信し続けることが重要です。大切なことは、継続性です。会員の興味・関心をじわじわと高めて、観光意欲を刺激することによって、中長期的に実際の訪問につながるからです。

　3つめは、会員が実際に現地に足を運ぶように働きかけることです。そのためには、旅行会社や航空会社との協働は必須です。閑散期に座席を埋めたい航空会社、特定の国・地域に対してすでに高い関心を抱いている会員に直接、旅行商品の宣伝ができる旅行会社のメリットは大きいでしょう。

　CRMの事例として、英国政府観光庁の「ブリテン・クラブ」を紹介します。氏名、メールアドレスといった基本情報だけではなく、いつ誰とどこを観光したのか（あるいは、観光したいのか）といったことまでも管理する機能を有しています。会員に登録すると「マイページ」が付与され、旅程表、地図、写真等を管理することができます。こうした情報は、マーケティング上のビッグデータとなるため、定期的に会員にインセンティブ付きのメールを配信して、なるべく多くの情報を入力してもらうよう、積極的に働きかけます。

　こうしたビッグデータをアルゴリズム（蓄積データ解析）によって、33のセグメント（ガーデン・ファン、街歩き好き、映画ロケ地巡り好き、スコットランド・ファン等）に自動的に分類し、そこから個々のニーズに合致したメルマガやキャンペーン情報を発信することが可能となります。さらに、ニーズに即した旅行商品を旅行会社と一緒に開発することも効果的です。

1）シンガポール政府観光局による「マーライオン・クラブ」、フランス政府観光局による「クラブ・フランス」、英国政府観光庁による「ブリテン・クラブ」が知られる。

第12回 実際にマーケティングリサーチをやってみよう

Theme テーマ 誰にでも出来る簡単なマーケティングリサーチ

■ マーケティングリサーチとは

　ここまで、マーケティングにまつわるさまざまな理論を眺めてきましたが、いずれの理論も、適切な情報の裏づけがなくては意味をなしません。誤った情報をもとにしてマーケティングを実施しても、市場との望ましい関係性マネジメントは困難だからです。

　「相手のことをよく知らず、そのうえ、自分のことさえ把握できずに、他人といい関係は結べない」のは自明です。

　標的とする市場セグメントを見極めようとしても、そもそも市場セグメントの切り分け方が適切でなかったり、市場における自社のポジショニングを誤ってとらえていたりすれば、お客様の支持は得られません。そして、不正確な市場の把握をもとに、4つのPを組み合わせて市場対応を行っても、望む結果につながらないことは明らかでしょう。

　一方で、どれほど正しい情報を集めようとしても、コスト面の制約があるために、一定程度の「割り切り」をしなくてはならないこともあります。実際、対象とする市場セグメントの全員について、情報を集めることは現実的ではありません。

　その意味では、いかにして、マーケティングに必要とされるより正確な情報を、コストの制約下で収集し、分析するかがマーケティングリサーチのカギということになります。

■ マーケティングリサーチの流れ

　そもそも、①**なんのために**マーケティングリサーチを実施するか、これ

をきちんと把握していなくては話になりません。パッケージツアーの新商品を作成するために人気の観光地を調べるのか、ホテルの宿泊プランを作成するためにお客様の値ごろ感を調べるのか、その目標によってリサーチの方向性が変わってくるからです。

　マーケティングリサーチの目的としては、お客様のニーズ特性を探ることがもっとも重要なものとなりますが、他にも、競争状況の把握や、実際に利用した結果としてのお客様からの評価など、さまざまな目的が掲げられます。そのため、**①なにを目的として、どのような調査を行うか**をしっかりと見据えることが重要となります。この場合、仮説を設定することで、目標・目的の共有が図りやすくなることもあるでしょう。

　そして、**②その目標・目的（仮説）にしたがって、リサーチデザインをする**必要があります。ただし、仮説がうまく構築できない場合もしばしばあります。この際は、まずは探索的リサーチを行い、仮説を設定します。仮説が見出されたとしても、より正確に仮説を設定するために探索的リサーチが行われることもあります。その後、検証的リサーチを行い、仮説を検証することになります。

	探索的リサーチ	検証的リサーチ	
		記述的リサーチ	因果的リサーチ
目的	アイデアや洞察を発見する	課題を定量的に把握する	因果関係を立証する
用途	●問題の正確な把握 ●仮説の設定 ●リサーチの特定 ●コンセプトの明確化	●特定の集団の特性を記述 ●特定の集団の割合の推定	●因果関係の証拠付け
方法	●文献調査 ●エキスパートサーベイ ●二次データ分析 ●定性リサーチ　など	●サーベイリサーチ ●パネル調査 ●観察法 ●二次データ分析　など	●実験室実験 ●フィールド実験

　次に、**③データの収集方法を検討**します。一般にアンケート調査を行うなどして必要な情報を収集することになりますが、場合によっては他社や政府、自治体によってすでにリサーチが行われているということもあり、その

際にはそのデータを利用することでリサーチのコストを削減することができます。前者を1次データ、後者を2次データと呼びます。

　1次データを収集する場合には、次に**④どの程度の範囲で調査を行うか決定**します。旅行したり宿泊したりする可能性のあるお客様すべてを調査しようとしても、それは不可能です。そのため、確率論に従って、どの程度の範囲まで調査すれば妥当性が担保されるかを決定するのです。それには、標本抽出に関する理論を知らなければなりません。

　例えば、日本全国の男女について調べるのはなかなか困難です。そのため、その中から一部を抽出して調査をすることで、全体の傾向を推定することになります。この、本当は調査したい集団全体を「母集団」、抜き出した一部の集団を「標本」といいます。

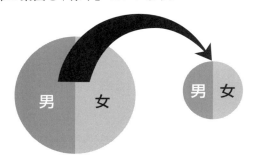

　ただ、ここで抽出された標本が、全体の傾向を正確に反映しているかが問題となります。完全に同じ傾向とはならなくても、誤差の範囲を一定に収めたり、誤差を計算できるようにしておく必要があるので、さまざまな手法が検討されてきました。

　大きくは、「有意抽出法」と「無作為抽出法」があります。前者は、母集団を代表する、または典型的であると思われる対象を抽出する方法で、後者は、こういった作為を排除して抽出する方法です。無作為抽出というと、「でたらめに選べばいいんだ」と誤解されがちですが、必ずしもそうではありません。くじ引きや乱数を用いて、とにかく作為を排除しなくてはならないからです。

学生がレポートなどで「学生の旅行動機を調べる」という目的でアンケート調査をすると、しばしば学科の友人知人を対象とすることが多いです。しかし、これでは偏ったデータしか集まらないのは自明でしょう。だからといって、大学全体でやったとしても同様です。日本全体の学生が持つ特性を反映しているとはいえないからです。

　こうした標本抽出のための手法については、総務省統計局のウェブサイト（http://www.stat.go.jp/）などに詳しく解説されています。是非とも参考にしてください。

　そして、⑤**集まったデータは、さまざまな分析を行って、仮説を検証**します。そして、その結果にもとづいて、レポートを作成していくこともあります。

　仮説の検証には、多様な統計的手法がしばしば用いられます。昔からSASやIBMのSPSSなどがよく使われてきましたが、最近ではMicrosoftのExcelでも簡単な統計処理が可能となりました。ただし、Excelはあくまで計算のためのソフトなので、統計処理をする際に必要なさまざまな情報が同時には得られません。

　一方、SASやSPSSは、ある程度の統計的知識があれば、かなり簡単に使えるように改良されてきています。

　基本的には、全体の傾向を表現するために行う記述統計や、仮説を検証するための検定、母集団の推定が行われます。記述統計の代表的なものとしては、一変量のデータであれば平均のような代表値や分散のような分布の表現、二変量以上のデータであれば相関などが挙げられます。検定や推定は多くの方法がありますので、目的にあった手法を採用することになります。さらに、もう一歩進めて、回帰分析、判別分析、主成分分析、因子分析といった多変量解析が必要とされることもあります。

　群馬大学社会情報学部の青木繁伸先生のウェブサイト（http://aoki2.si.gunma-u.ac.jp/）など、関連理論をまとめているものも参考になるでしょう。

　以上の、さまざまな調査方法に関してまとめたものを下掲します。

調査方法	長所	調査名称例	情報源 既存データ 2次データ	情報源 生データ 1次データ	収集する情報 定性的 質的	収集する情報 定量的 量的
2次データ収拾分析調査	既存資料の活用により、時間的、地理的に広範囲な情報が得やすい	資料探索調査	○		○	○
		資料分析調査(現状、将来の把握)	○		○	○
		データ解析調査(社会指標、データマイニング)	○			○
定性的(質的)調査	少数を対象とすることで生の声、詳細な情報が得られる	グループインタビュー		○	○	
		デプスインタビュー		○	○	
		ヒアリング調査		○	○	
		事例調査		○	○	
観察調査	観察により、質問より効果的に情報が得られる 観察により、第3者からみた情報が得られる	機械による観察		○	○	○
		人間による観察		○	○	○
		参加観察法(参与観察法)		○	○	
		現地視察(ウォッチング)		○	○	△
実験やテスト	企業や行政の施策を導入する前に効果を把握できる	社会実験		○	△	○
		テストマーケティング		○	△	○
		事前事後テスト		○	△	○
		商品テスト		○	△	○
アンケート調査	標本調査は全体の意識や行動を推論できる 非標本調査は多数の意見を把握できる	訪問面接調査		○		○
		電話調査		○		○
		郵送調査		○		○
		街頭・来場者調査		○		○
		会場調査		○		○
		インターネット調査		○		○

出典:酒井(2005)、p.39を一部改変。

■ 情報の種類

　データを収集するのに気をつけなければならないことがあります。まず、データには種類があるということです。

　大きくは、名義尺度、順序尺度、間隔尺度、比尺度(比例尺度・比率尺度)の4つに分けられます。

　名義尺度は単なる記号であり、データとしての意味はありません。名前やIDのような、識別子としての存在です。順序尺度は、順番のみに意味があります。各種ランキングなどが該当します。間隔尺度は、数値間の距離の比較が可能なものであり、5段階尺度や温度がこれに含まれます。最後に比尺度(比例尺度・比率尺度)は、絶対的な原点が存在するものであり、重さや長さが該当します。

　気をつけてほしいのは、温度も一見、比尺度と勘違いしがちなのですが、

10℃と20℃を比べた際に、20℃の方が2倍熱い、といった比較ができないので、あくまで間隔尺度になります。

このうち名義尺度と順序尺度は、数値間の間隔に意味がなく、カテゴリカルデータと呼ばれることがあります。ノンメトリックともいわれます。一方、間隔尺度と比例尺度は、数値間の間隔に意味があり、メトリックデータともいわれます。

また、「情報」という語には、特に英語では類似した表現があることにも気をつけてください。

data（データ）は伝達、解釈、処理に適するように形式化され、再度情報として解釈できる、特定の目的に対して評価されていない単なる諸事実のことをいいます。一般には「生データ」などといわれます。

information（情報）は、対象物に関して知り得たことを意味し、特定の目的を達成するために処理・加工されたものを指します。

knowledge（知識）は、抽象化され、一般化された情報です。

intelligence（知能）は、情報や知識を活用して、理性的な行動が取れる知的行動力のことをいいます。

この観点からすると、マーケティングリサーチは、dataを集めることでinformationを得るために行われるということになります。

■ マーケティングリサーチのポイント

マーケティングリサーチは、それだけで1冊の本ができてしまうくらいの理論体系が構築されています。そのため、実施は慎重に行うべきものです。よく、まずアンケート用紙を作成するところから始める人がいますが、それでは正確なリサーチは不可能ということが、以上の説明からわかってもらえたのではないでしょうか。

近年では、観光に関するさまざまな調査がシンクタンクや出版社において実施されています。こうした2次データの活用も、マーケティングリサーチでは重要なポイントになります。2次データの収集には、次頁以降を参照してください。

観光関連の使える資料はここにある！

分野	白書・センサス関連	ウェブサイト
観光全般	国土交通白書 観光白書	国土交通省観光関係統計資料 http://www.mlit.go.jp/sogoseisaku/kanko/getting_data.html
旅行産業関連	（一社）日本旅行業協会 「数字が語る旅行業」 （公財）日本交通公社 「旅行年報」 JTB総合研究所 「JTBレポート 日本人海外旅行のすべて」	観光庁「統計情報・白書」 http://www.mlit.go.jp/kankocho/siryou （一社）日本旅行業協会 「旅行データバンク」 https://www.jata-net.or.jp/data/ 日本政府観光局JNTO「資料室」 http://www.jnto.go.jp/jpn/reference/
航空関連	国土交通白書 観光白書	国土交通省交通関係指定統計資料 http://toukei.mlit.go.jp/ 全国幹線旅客純流動調査 http://www.mlit.go.jp/seisakutokatsu/jyunryuudou/ 財団法人日本航空協会 http://www.aero.or.jp 定期航空協会　http://www.teikyo.gr.jp/ 交通エコロジー・モビリティ財団 http://www.ecomo.or.jp/
ホスピタリティ関連	日本生産性本部 「レジャー白書」 矢野経済研究所 「ホテル産業年鑑」 オータパブリケーションズ 「日本ホテル年鑑」	国土交通省観光庁統計資料 http://www.mlit.go.jp/kankocho/siryou/toukei/index.html
政府観光局関連	観光白書 世界観光統計資料（国連世界観光機関（UNWTO）アジア太平洋センター発行）	国連世界観光機関（UNWTO） アジア太平洋センター http://unwto-ap.org/ 国連世界観光機関（UNWTO） http://www2.unwto.org/ 日本政府観光局 http://www.jnto.go.jp/jpn/ 外国政府観光局 http://www.antor.jp/member.html

図書館	雑誌・論文集
国会図書館	CiNii Articles（日本の論文データベース） http://ci.nii.ac.jp/
旅の図書館（休館中） （2016年夏、東京南青山に移転予定） https://www.jtb.or.jp/library	日本国際観光学会 「日本国際観光学会論文集」 日本観光研究学会 「観光研究」「週刊トラベルジャーナル」 「トラベルビジョン」 http://www.travelvision.jp/
航空図書館 東京都港区新橋1-18-1　航空会館6階	航空と文化 日本交通学会 「交通学研究」 土木学会論文集
国会図書館 東京都立中央図書館	柴田書店 「月刊ホテル旅館」 オータパブリケーションズ 「週刊ホテルレストラン」 余暇ツーリズム学会 「余暇ツーリズム学会誌」
旅の図書館(休館中) （2016年夏、東京南青山に移転予定） https://www.jtb.or.jp/library	日本国際観光学会 「日本国際観光学会論文集」 「週刊トラベルジャーナル」

第13回 そのマーケティング、お客様を、社会を、ハッピーにしてますか

Theme テーマ 持続的な発展を実現するためのマーケティングのあり方

「マーケティングとはいかに売るか」では決してないということを、本書では一貫して主張してきました。日本においては広告代理店がマーケティングを積極的に行ってきましたから、ついつい**マーケティング＝プロモーション**といった視点で見がちです。ですが、じゃんじゃん売れたらそれでマーケティングが成功したと思っていいのでしょうか。買ったお客様がハッピーになっていなければ、それは本末転倒です。消費社会においては、過度のマーケティングが消費を超えて浪費につながっているという指摘もあります。

■ 計画的陳腐化

マーケティング戦略の分野で**計画的陳腐化**というキーワードがあります。計画的陳腐化とは、**PLC**（プロダクト・ライフサイクル）を短縮し、主に新製品の購買促進を目的として企業が行う戦略のことです。それには、

（1）**機能的陳腐化**
（2）**物理的陳腐化**
（3）**心理的陳腐化**

の3種類があります。

（1）**機能的陳腐化**とは、技術進歩の結果、在来品の機能が陳腐化するものですが、製品の機能をグレードアップすることで、新製品への買い換え需要が促進されます。特にマイクロソフトのWindowsは数年で新しいバージョンが発表され、それによって、旧バージョンのハード・

ソフト類は壊れていないのに買い換えなければいけないといった事態は多くのユーザーから不満が寄せられているにもかかわらず、寡占状態のためユーザーは黙って従わざるを得ません。

（２）**物理的陳腐化**とは、品質などの製品寿命を意識的に短縮するもので、製品の部品ないしは製品全体を一定の時期が来ると老朽化するように意図的に組み立てるものです。ソニータイマーという言葉があるように、特にソニー製品で保障期間が過ぎて数年たったときにタイマーがセッティングされているように壊れ、買い替え需要を促しているといわれています。

（３）**心理的陳腐化**とは、商品の機能や品質がまだ十分使用に耐えるものを、計画的に管理化されたモデルチェンジ手法やスタイル・デザインの変更によって流行を創り出し、社会的に時代遅れとの印象を与え、陳腐化するものです。心理的に陳腐化させるということは、「最新の製品を使っている流行に敏感な人だと思われたい」とか、「遅れてると思われたくない」という心理が働いていると思われます。

このような**計画的陳腐化**というマーケティング戦略は、明らかに地球資源の無駄であり、環境にも影響をもたらしている、きわめて**プロダクトアウト**な発想であるといわざるを得ません。

しかし、世の中の考え方の潮流は急速に変わってきています。人々は刹那の快楽に生きるより、将来にわたっても豊かで幸せな暮らしを続けるために、多少現在の生活を犠牲にすることを厭わなくなってきています。そのような環境にあっても、計画的陳腐化などという戦略をまだ打ち出しているマーケターが後を絶たないのは、まだマーケティングの考え方が大量生産・大量消費の時代を引きずっているからに他ならず、彼らが批判しているプロダクトアウトそのものを、彼らが図らずも実践しているからではないでしょうか。

■ お客様と社会をハッピーにするために

東北福祉大学の福地一雄教授は幸せを以下の公式で表しています。

$$幸福 = \frac{所得消費}{生理的・物的欲求} + \frac{時間消費}{自己実現欲求}$$

この公式に当てはめて考えると、今までは、消費を促すことで幸福感が一時的に上がるけれど、また生理的・物的欲求を顕在化させることで幸福感が下がり、新たな消費を促し続けるといったパターンを形成し、その結果、人間の欲求が際限なく高まっていくように促されているように思います。

ここで、欲求を減じるよう舵を切ると、消費が伸びなくても幸福感は上がります。お客様、そして社会全体が幸せになるために、時には売らないという選択肢もマーケティングでは必要です。これが、マーケティングが販売戦略ではないということの証明です。とにかく、マーケティング活動を行ったことで、会社だけが利益を享受していたのでは持続的な発展はありえません。お客様はもちろん、社会全体のことを常に考えながらマーケティングする必要があります。自分の企図した戦略で、お客様がハッピーになり、社会もハッピーになり、そして自分たちの街、企業もハッピーになるかということを常に考えながらマーケティングをすべきなのです。

しかし、それは決してお客様にすべて迎合せよといっているのではありません。今のお客様のことばかり見てしまい、未来のお客様にそっぽを向かれることになってしまうと企業は永続発展しません。だからこそ、未来に向かって、お客様から世代を越えて愛してもらえるような商品を、気概を持って提案してほしいと思います。それを世に問うことで、新たな顧客の創造に資するのであれば、それは立派なお客様の立場に立ったマーケティングです。

日産自動車のカルロス・ゴーン社長は「5年後の車について、消費者は答えを持たない」と語っています。これは現在のお客様の無知を指摘しているのではありません。未来のお客様に愛されるよう、マーケターは未来のお客様をも念頭において戦略を策定しなければいけないのです。そのためには、ぶれない確固たる理念やミッションがなければいけません。その理念やミッションを胸に抱きつつ、常に現在と未来のお客様の幸せを考えて戦略を策定して欲しいと思います。
　業界は違いますが、ダスキンという会社は、創業者鈴木清一氏の強い信念で、「祈りの経営」という経営理念を持っています。

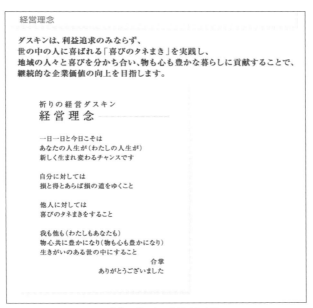

出典：ダスキンのサイトより

　「損と得とあらば損の道をゆくこと」まっとうなビジネスを行う中で、現在と未来のお客様に愛されれば、損の道を行ったとしても、会社がお客様から見放されることはありません。このような経営理念を貫いている会社が、早く観光業界にも現れてほしいと思います。

参考・引用文献

【第1回】

フィリップ・コトラー『コトラーのマーケティング3.0』朝日新聞出版、2010年。

日本デイリー通信社「広告出向量ランキング」
　http://ndt.co.jp/ad_ranking/20140731_1174/

近畿日本ツーリストウェブサイト「ニュースリリース」

JTBウェブサイト「ニュースリリース」

【第2回】

JTB総合研究所「JTB REPORT 2015　日本人海外旅行のすべて」2008-2015年。

【第3回】

JTB総合研究所「JTB REPORT 2015　日本人海外旅行のすべて」2015年。

徳江順一郎「ホテルの市場環境変化と企業側の対応に関する一考察」
『ツーリズム学会誌』(10) pp.73-88、2010年。

【第4回】

コトラー&ケラー『コトラー&ケラーのマーケティング・マネジメント』
　Pearson Education Japan for JP刊、2008年。

アンヴィコミュニケーションズ「AISCEAの法則とは」
　http://www.amviy.jp/aisceas/

総務省情報通信国際戦略局「ICTインフラの進展が国民のライフスタイルや
　社会環境等に及ぼした影響と相互関係に関する調査研究報告書」2011年、3月。

【第5回】

観光庁・第2回旅行産業研究会資料
　「インターネット取引と旅行業法・標準旅行約款の問題点」2013年。

【第6回】

M.E.ポーター『競争優位の戦略』ダイヤモンド社、1985年。

【第7回】

観光庁「平成26年度主要旅行業者の旅行取扱状況年度総計
　（2014年4月〜2015年3月分）」2015 年。

東洋経済ONLINE「最新版!「就職人気ランキング」ベスト300社」
　http://toyokeizai.net/articles/-/67632

国土交通省「旅行業界とJTBの企業背景」
　http://www.mlit.go.jp/common/000167318.pdf

㈱JTBグループ本社 ブランド戦略推進室
　「JTB GROUP PROFILE 2015-2016」2015年。

フォーカスライト日本事務所「日本のオンライン旅行市場調査」

JTB「JTBクルーズプレミアパンフレット」
　http://ebook.jtb.co.jp/book/?A709#1

JTB「旅のアウトレットパンフレット」
　http://www.jtb.co.jp/lookjtb/dp/index.asp?id=JWV/2015_eur_8449613

週刊トラベルジャーナル「2014年度賃金実態調査」2015年4月号。

UNWTO「Tourism Highlight 2015 Edition」
　http://www.e-unwto.org/doi/pdf/10.18111/9789284416899

東京オリンピック・パラリンピック競技大会組織委員会
　「立候補ファイル第3巻 宿泊施設」2013年1月。https://tokyo2020.jp/jp/plan/candidature/dl/tokyo2020_candidate_entire_3_jp.pdf

経済企画庁「国民生活白書 平成2年」1990年10月。

観光庁「若年層の旅行に対する意識・行動の実態についてのアンケート調査 巻末資料」2014年3月。

日本観光振興協会「観光の実態と志向」平成16〜25年度版、2004〜2013年。

英国政府観光庁ウェブサイトVisitBritain
　<https://www.visitbritain.org/developing-your-marketing-plan>

【第8回】

白幡洋三郎『旅行ノススメ』中央公論社、1996年。

森正人『昭和旅行誌』中央公論社、2010年（pp.152-154）。

磯貝政弘『減少する日本人海外旅行者　変化しつつある海外旅行の動機やその価値』
　JTB総合研究所コラム・オピニオン、2010年。
　(http://www.tourism.jp/column-opinion/2010/07/jtb-report/)

鹿児島県霧島市ウェブサイト
　(http://www.city-kirishima.jp/modules/page059/)

「旅と観光の年表」旅の文化研究所、2011年。
　Butler, R.W. (1980) The Concept of a Tourist Area Cycle of Evolution. Implications for the Management of Resources. Canadian Geographer, 24, 5-12.

【第9回】

徳江順一郎『ホスピタリティ・デザイン論』創成社、2016年。

Brand USA <http://www.thebrandusa.com/>

【第10回】

島川崇編著『ソフトパワー時代の外国人観光客誘致』同友館、2006年、(pp.96-107)。

【第11回】

クラブツーリズムウェブサイト「事業内容」
　(http://www.club-tourism.co.jp/business/)

嶋口充輝『顧客満足型マーケティングの構図』有斐閣、1998年。

【第12回】

酒井隆『マーケティング・リサーチ・ハンドブック』
　日本能率協会マネジメントセンター、2005年。

髙田博和・上田隆穂・奥瀬喜之・内田学『マーケティングリサーチ入門』
　ＰＨＰ研究所、2008年。

あとがき

　一般的にはそのように考えられていないが、マーケティングという分野は、まさにいま正念場を迎えているように思う。

　先日、米系の航空会社に久しぶりに搭乗したが、機材の故障により成田空港で8時間も待たされた。その際、故障の具体的説明はされないものの、1,000円の食事券、カツサンド、飲み物、スナック等が矢継ぎ早に提供された。そして、100ドル分のその航空会社のバウチャーが発行された。航空機の遅延の際は空港でのトラブルがつきものだが、何か言われてからコンペンセーションを出すよりも、先に出した方がトラブルにはなりにくいというマーケティングリサーチからの知見からなのだろうが、100ドルももらっているのに、何かしっくりこない。

　また、マクドナルドは、米国本社で長くマーケティングに携わってきたサラ・カサノバを日本社長に迎えたが、その後の凋落ぶりはご存じのとおりである。ナゲットの期限切れ、異物混入問題で地に落ちた信頼を取り戻すため、マーケティング理論に則ってあの手この手を使ってもそれがすべて裏目に出て、いまだに各店舗でかつての賑わいは見ることができない。

　結局、「お客様の立場に立って」と言ってマーケティングリサーチを重ねるけれども、それは、目指すべき方向性が、単にお客様から自分たちが文句を言われないようにしているだけで、その商品を購入することで本当にお客様が幸せになるかどうかという視点が欠落しているから、マーケティングをいくら重ねても顧客満足に至らないのではないかと思われる。

　一方、アップルはiPodから始まり、iPhone、iPadとまさにスティーブ・ジョブズの天才的なアイデアで苦境から復活した。彼は、お客様の意見に耳を傾けてこれらの構想を練ったわけではない。自分が"欲しい！"と思ったものを忠実に具現化したに過ぎない。本書で述べた、「プロダク

トアウト」か「マーケットイン」かといったら、完全にプロダクトアウトの発想だ。でも、結果的に人々はこの新しいデバイスを楽しんでいる。

　本書の改定の話が出た際、ウェブマーケティング等もっと新しいマーケティングの手法や、マーケティングリサーチの項を増やそうかという話にもなった。ただ、大学ではじめてマーケティングに触れる学生をターゲットに、理論も実践もわかりやすい教科書にしようというコンセプトは維持することとなったから、13章という章立てはこれ以上増やせなかった。最後の部分「そのマーケティング、お客様を、社会を、ハッピーにしてますか」をカットしようかと思って、そのままに書き進めてみたが、どうもしっくりこない。これこそが、私たちがマーケティングという手法を使う目的だったんだということを改めて認識したからだ。ジョブズの発想もプロダクトアウトのようで、結局人はアップル製品の存在で自分の内なる幸せを認識しそれを買っているとするなら、究極のマーケットインだ。これこそ、私たちが求めるマーケティングの姿だ。それがわからないと、マーケティングは今後必ずや迷走する。

　世の中にゆとりがなくなり、人間関係も会社組織もギスギスしたものになっている。広い心で部下の失敗を包んで守ってくれる上司が減ってきた。みんな自分を守ることで精いっぱい。そんな世の中で、それでも他人を想う心を、マーケティングを通して学んでもらいたい。

　　　2016年3月

　　　　　　　　　　　　　　　　　　　　　　　　　　島川　崇

編著者紹介

森下 晶美（もりした まさみ）

第1回、第3回、第4回、第5回、第6回、第9回、第11回
ケーススタディ 1-1、2-2、3-1、4-1、5-1、5-2、6-1、7-1、8-1、11-1執筆担当。
東洋大学国際観光学部国際観光学科教授。
1987年法政大学社会学部卒。法政大学大学院社会科学研究科経営学専攻修士課程修了。近畿日本ツーリスト㈱でメディア販売商品の企画・販売促進を担当、その後、ツアーオペレータ、旅行業界誌記者などを経て現職。2016年国土交通省観光庁出向（観光産業課課長補佐）。専門は、観光マーケティング、家族旅行、旅行産業研究など。
主な著書：『ネット時代に生き残る旅行会社』『旅行業概論』『旅行商品企画の理論と実際』（以上、同友館）、共著『実学・観光産業論』（プラザ出版）。

著者紹介

島川　崇（しまかわ　たかし）

第2回、第7回、第8回、第10回、第13回
ケーススタディ 1-2、2-1、2-4、3-2、4-2、5-3、6-2、7-2、10-3、11-2執筆担当。
神奈川大学国際日本学部教授。
国際基督教大学卒業後、日本航空㈱、松下政経塾、英国ロンドンメトロポリタン大学ビジネススクールMBA（観光学）、韓国観光公社、㈱日本総合研究所、東北福祉大学、東洋大学を経て現職。
東京工業大学情報理工学研究科情報環境学専攻博士後期課程満期退学。専門分野は、観光の社会的責任、被災地観光、福祉観光、サステナブル・ツーリズム、航空経営論。
主な著書：『新しい時代の観光学概論』『ケースで読み解くデジタル変革時代のツーリズム』（ミネルヴァ書房）、『観光と福祉』『観光交通ビジネス』（成山堂書店）、『観光につける薬』（同友館）等。

徳江　順一郎（とくえ　じゅんいちろう）

第12回、ケーススタディ 1-3、2-3、3-3、4-2、6-3、7-3、9-2、10-2、11-3執筆担当。
東洋大学国際観光学部国際観光学科准教授。
上智大学経済学部経営学科卒業、早稲田大学大学院商学研究科修士課程修了。
大学院在学中に起業し、飲食店の経営やマーケティング関連のコンサルタント、長野経済短期大学、産業能率大学、高崎経済大学、桜美林大学などの非常勤講師を経て現職。
専門分野は、ホスピタリティ・マネジメント論、ホスピタリティ産業論、マーケティング論。
主な著書：『ホスピタリティ・マネジメント』『ホテル経営概論』（同文舘出版）、『ブライダル・ホスピタリティ・マネジメント』『ホスピタリティ・デザイン論』（以上、創成社）、『サービス＆ホスピタリティ・マネジメント』（産業能率大学出版部）等。

宮崎　裕二（みやざき　ゆうじ）

ケーススタディ 1-4、3-4、7-4、8-2、9-1、10-1、11-4執筆担当。
東洋大学国際観光学部国際観光学科専任講師。
法政大学大学院社会科学研究科経営学専攻修士課程修了。英国政府観光庁アジア・パシフィック市場統括CRM責任者、米国カリフォルニア観光局マーケティング・ディレクターなどを経て2019年より現職。英国「クールブリタニア」や、米国「カリフォルニア・ドリーム・ビッグ」など国家・地域ブランド戦略の大枠の中で観光マーケティングの責任者。
専門分野は、国際観光、デスティネーション・マーケティング、観光政策（英米）。
主な著書：『ソフトパワー時代の外国人観光客誘致』（同友館：共著）、『DMOのためのプレイス・ブランディング〜観光デスティネーションの作り方』（学芸出版社：編著者）等。

2016年　5月26日　第1刷発行		
2023年　4月 2 日　第6刷発行		

新版 観光マーケティング入門

Ⓒ編著者　　森下　晶美

著　　者　　島川　　崇
　　　　　　徳江　順一郎
　　　　　　宮崎　裕二

発 行 者　　脇坂　康弘
発 行 所　　株式会社 同友館
　　　　　　〒113-0033　東京都文京区本郷3-38-1
　　　　　　TEL. 03（3813）3966
　　　　　　FAX. 03（3818）2774
　　　　　　URL https://www.doyukan.co.jp/

印　　刷　　三美印刷
製　　本　　松村製本所

乱丁・落丁はお取替えいたします。
Printed in Japan
ISBN 978-4-496-05206-4